LA VIE
DE BILLY FINGERS
DANS L'AU-DELÀ

Annie Kagan

Préface du Dr Raymond Moody

LA VIE DE BILLY FINGERS DANS L'AU-DELÀ

COMMENT MON « BAD BOY » DE FRÈRE M'A PROUVÉ L'EXISTENCE DE L'APRÈS-VIE

Guy Trédaniel éditeur

19, rue Saint-Séverin

75005 Paris

Titre original : *The Afterlife of Billy Fingers*

Traduit de l'anglais par Christine Lefranc

ISBN : 978-2-8132-0800-2
www.editions-tredaniel.com
info@guytredaniel.fr

« Un livre fascinant »

Dr Raymond MOODY

À S.M.
Je t'aimerai pour l'éternité.

À mon frère Steve,
l'excellent roi majestueux et lumineux.

TABLE DES MATIÈRES

DEUXIÈME PARTIE

MÊME L'ÂME CHANGE

TROISIÈME PARTIE

DE L'ÂME À L'ESPRIT

PRÉFACE

Ce livre fascinant peut surprendre au début et rendre perplexes certains lecteurs. Il est vrai que les événements qu'il retrace peuvent sembler totalement incroyables et bien loin de la réalité. C'est pourquoi je suis reconnaissant au Dr Kagan de m'avoir demandé d'écrire cette préface, parce que cela me donne l'occasion de parler de l'un de mes thèmes favoris : le monde surprenant des anciens philosophes grecs.

L'Américain ordinaire trouvera probablement difficile à croire ce récit des aventures dans l'autre monde du Dr Kagan avec son frère décédé. C'est bien dommage cependant, car les philosophes grecs, fondateurs de la pensée occidentale, connaissaient parfaitement le phénomène remarquable qu'elle décrit. En fait, ils avaient même un nom pour désigner ce genre de personnes plus ou moins suspendues entre cette vie et la suivante. Ils les appelaient « les marcheurs entre les mondes ».

Les marcheurs entre les mondes avaient des fonctions sociales importantes. Comme le disait l'ancien philosophe grec Héraclite, ils « gardent et protègent les vivants et les morts ». Vers 600 av. J.-C., l'un des plus anciens de ces personnages, Aithalides, avait la réputation de pouvoir aller et venir à son gré entre le monde physique et le monde de l'au-delà. Dans la Grèce ancienne, les marcheurs entre les mondes occupaient des fonctions qui, dans la société occidentale actuelle, sont tenues par des individus qui ont fait des expériences de mort imminente (NDE). C'étaient en particulier des médiateurs, des intermédiaires ou des messagers entre le monde des vivants et le monde des morts.

Le philosophe Ménippe fut un autre célèbre marcheur entre les mondes. Il visita la dimension de l'au-delà, revint, puis écrivit un livre relatant son voyage. Ménippe fut renvoyé de l'au-delà avec la charge de surveiller le comportement des humains sur terre. Il revenait ensuite faire son rapport à ses supérieurs de l'au-delà pour les tenir informés des progrès de l'humanité.

Ménippe avait une apparence soignée. Il arborait une barbe grise incroyablement longue et portait un long manteau gris retenu à la taille par une large ceinture écarlate. Il s'appuyait sur un bâton qui avait été sculpté dans du frêne et portait un étrange chapeau orné des signes du zodiaque. Il remplissait sa mission avec sérieux.

Les expériences que raconte le Dr Kagan sont entièrement cohérentes avec le genre de rôle que jouaient les marcheurs entre les mondes dans l'Antiquité. Et cela ne me surprend pas. Je pense que ces expériences font partie de l'héritage collectif de la psychologie humaine – et non des artefacts d'une culture particulière quelle qu'elle soit.

Je suppose qu'il existe des tas de gens comme le Dr Kagan. Toutefois, les Occidentaux ont développé l'idée totalement erronée que les expériences qu'elle a vécues sont impossibles – voire pathologiques. En conséquence, les nombreuses personnes à qui ces choses arrivent n'en parlent pas, de peur d'être jugées ou ridiculisées. C'est pourquoi je salue le Dr Kagan d'avoir eu le courage d'écrire ce livre.

En 2006, j'avais organisé un séminaire sur le chagrin pour les professionnels et les intervenants des centres de soins palliatifs. Une femme d'affaires d'une cinquantaine d'années, qui travaillait pour une organisation, m'interrogea sur un événement qui lui était arrivé alors qu'elle avait manqué se faire tuer. Elle avait été gravement blessée dans un accident de voiture et avait quitté son corps. Elle avait immédiatement vu un vieil homme dans une robe grise debout près de la route. Il portait une barbe grise extrêmement longue, un bâton et un étrange chapeau. Et elle avait senti qu'il était là pour la faire traverser jusque dans l'au-delà. Soit dit en passant, je n'avais pas mentionné Ménippe, ni aucun autre marcheur entre les mondes, durant ma présentation. La femme n'avait fait que rapporter son expérience par simple curiosité. Je pense que de telles rencontres ont lieu depuis des milliers d'années et sont arrivées sans aucun doute à un grand nombre d'individus.

Le récit du Dr Kagan, qui donne à réfléchir, en est un excellent exemple.

Dr Raymond Moody

Ceci est une histoire vraie. Certains noms, lieux et autres détails permettant d'identifier des personnes ont été changés afin de respecter leur intimité. Le déroulement de certains événements a été condensé pour faciliter le récit de cette histoire.

REMERCIEMENTS

Merci à mes amis Steve Wander, Caroline Fierro, Brian Keane, Laura Stein, Bobbi Shapiro, Jessica Gormley, Anna Kiersnowska, Eve Eliot, Cathy Gandell, Ruth Washton, Sophie LaPaire et Pamela Millman.

J'ai beaucoup de reconnaissance pour les anges qui ont soutenu ce livre : Dr Raymond Moody, Mirabai Starr, Elise d'Heane, Katharine Sands, Hal Zina Bennett, Howard Kaplan, Stacey Donovan, Michele d'Ermo, Teresa Kennedy, Ashley Womble, Jillen Lowe et Sallie Randolph.

Merci à Deena Feinberg pour ma photo figurant sur le livre, à Justin Smith pour la magie qu'il a mise dans la photo de couverture de Billy, et à William Zauscher pour m'avoir donné l'autorisation d'utiliser sa magnifique traduction des paroles de la *Huitième symphonie* de Mahler.

Toutes mes bénédictions à Barbara, Danielle et Samantha de Poppy Bill, ainsi qu'au reste de l'équipe, Mems, Rocco, JimBob, Leslie et Steven.

Je remercie tout particulièrement Michele Tempesta, Ann Patty, Claire Gerus, Jill Mangino, Tex, Stephen Gorad, mon éditeur Jan Johnson et l'équipe de RWW, de s'être joints à moi dans cette odyssée, ainsi que Cherry Boy, *je t'adore (en français dans le texte)*.

J'adresse tout mon amour à ma famille : ma mère Florence dont la beauté ténébreuse et la force semblable à celle d'une déesse l'ont établie en tant que lionne de mon cœur ; mon père, Irving, ma charmante et belle Rhett Butler qui m'a toujours considérée comme le plus grand miracle sur terre ; et mon frère Billy, mon Bouddha-chenapan.

PREMIÈRE PARTIE

ENCORE BILLY

Chère Annie,

Chacun a besoin d'un livre qui lui soit dédié.
Lis entre les lignes.
Avec tout mon amour,

Billy

CHAPITRE 1

Là où tout a commencé

La police du comté de Miami-Dade laissa un message sur mon répondeur à 9 heures du matin : « Si vous connaissez William Cohen, prenez contact avec le sergent Diaz au 305... »

Oh non ! Billy a dû se faire arrêter. Pas la prison, pas encore ! Pas à son âge !

Je n'avais pas encore digéré l'arrestation de mon frère il y a presque trente ans ; le bruit sourd du marteau, les mots « condamné à vingt-cinq ans », ma mère qui pleurait dans mes bras, suppliant le juge de changer d'avis. Le jour où j'ai vu la police menotter Billy et l'entraîner pour l'emprisonner à Sing Sing sous l'inculpation d'avoir vendu de la cocaïne fut probablement le pire de ma vie.

Je tremblais en composant le numéro de téléphone de la police de Miami.

« Bonjour, je suis la sœur de William Cohen. A-t-il été arrêté ? »

« Non, répondit le sergent Diaz d'une voix douce. Il a été heurté par une voiture à 2 heures et demie du matin. Je suis désolé. Votre frère est décédé. »

J'avais le cœur glacé. Décédé ? La tête me tournait. Je fus prise de vertige. Je cherchai une chaise et m'y assis.

« Que s'est-il passé ? »

« William sortait de la salle des urgences de l'hôpital sud de Miami. Il était ivre et s'est précipité sur l'autoroute », répondit le sergent.

« Étiez-vous sur place ? » demandai-je.

« Oui, Madame. J'ai été appelé sur la scène de l'accident. »

« Billy a-t-il été blessé ? » *Blessé ? Où avais-je la tête ? Une voiture lui a roulé dessus !* « Je veux dire, l'a-t-on emmené à l'hôpital ? »

« Non, Madame. Votre frère n'a jamais su ce qui l'avait heurté. La mort a été instantanée. Il n'a pas du tout souffert. »

Mort instantanée ? N'a pas souffert ? Comment diable pouvait-il le savoir ? Le sergent essaie d'amortir le choc, mais cela ne marche pas.

« William portait un bracelet d'identification d'hôpital. C'est ainsi que nous avons trouvé vos nom et numéro de téléphone dans les enregistrements. »

C'était donc ainsi qu'il m'avait trouvée ! Billy m'a toujours inscrite sur les documents comme la personne « à prévenir en cas d'urgence ».

Le sergent Diaz se racla la gorge. « Écoutez, Madame, vous n'êtes pas obligée de venir identifier le corps. Le bracelet fera l'affaire. Mieux vaut garder le souvenir que vous en avez actuellement. »

Mieux vaut garder le souvenir que j'en ai actuellement? Oh, mon Dieu!

Le sergent dut m'entendre pleurer, car il ajouta aussitôt: « Ce n'est pas vraiment légal, mais si vous me donnez votre adresse, je vous enverrai les choses que votre frère portait sur lui. »

Puisque je n'étais pas tenue de voir le corps de Billy après l'accident, il n'y avait aucune raison que je prenne l'avion de New York à Miami. Au moment de sa mort, mon frère de soixante-deux ans était sans domicile fixe et tout ce qu'il possédait tenait dans ses poches. Il avait tout laissé en ordre pour moi – pas comme quand il était vivant. Ce que j'avais craint pendant des années était finalement arrivé. Billy était mort.

J'appelai son conseiller en toxicomanie à l'hôpital sud de Miami. La voix d'Eddie était crispée.

« Billy s'est rendu aux urgences la nuit dernière, défoncé et crachant du sang. Il voulait être admis à l'hôpital. Ainsi, quand l'infirmière lui a dit qu'il devait plutôt se rendre à l'unité de désintoxication, il est devenu agressif, a pris une chaise et l'a menacée. Elle a appelé la police, Billy s'est enfui, et vous connaissez la suite. Votre frère n'a pas fait confiance à sa Force Supérieure. Il m'a vraiment déçu. »

Déçu? Billy était mort. Et Eddie était *déçu*? Je lui raccrochai au nez et jetai le téléphone à travers la pièce pour chasser ses mots aussi loin que possible.

Oh mon Dieu, Billy est mort! Mon corps était devenu si douloureux que j'eus l'impression que c'était moi qui m'étais fait écraser. Je me mis au lit tout habillée et tirai les couvertures sur ma tête. Je me souvins alors d'une chose très étrange que j'avais faite la veille.

Bien que nous ne nous soyons pas parlé depuis plusieurs mois, la pensée de Billy me revenait à l'esprit de manière obsessionnelle. C'était très inhabituel, car essayer de *ne pas* penser à Billy était une tactique de survie que j'avais commencé à pratiquer en quatrième année. Quand j'étais petite, j'adorais mon grand frère, mais j'ai toujours eu peur que quelque chose de terrible lui arrive. Billy avait toujours des ennuis. Je ne savais pas vraiment ce que signifiait « ennuis », mais quand ceux-ci atteignirent un certain niveau, il fut envoyé dans un endroit mystérieux. Et quand ils devinrent vraiment sérieux, mes parents ne surent même plus où le joindre.

Quand je fus en quatrième, mes parents m'expliquèrent que le problème que rencontrait Billy était quelque chose qu'on appelait « addiction à l'héroïne ». Pour atténuer mon anxiété, je commençai à pratiquer l'art de l'insensibilité.

La semaine qui précéda sa mort, malgré tous les efforts que je mettais à rester insensible, je ne pouvais m'empêcher de penser à Billy. Vivre et travailler seule dans une petite maison perdue sur le rivage de Long Island ne faisait qu'empirer les choses. J'essayai de sortir de mon angoisse en me concentrant sur ma routine quotidienne : me lever à 6 heures, nourrir les chats, méditer, marcher le long de la baie, préparer le repas, partir travailler dans mon studio de musique et écrire des chansons.

Assise devant mon clavier électrique, je ne pensais qu'à une chose : Billy. J'avais envie de lui téléphoner, d'entendre sa voix, de lui dire que je l'aimais, de l'aider d'une manière ou d'une autre. Mais je ne savais pas où le joindre. Une partie de moi avait peur de le trouver. J'étais certaine qu'il était en piteux état.

La veille de la mort de Billy, un matin de froid glacial, je revêtis deux chandails, une doudoune et deux chapeaux de laine et m'aventurai dans l'air glacial. Je marchai sur les feuilles brunes gelées, traversai les bois aux arbres dénudés par l'hiver, et descendis l'escalier de bois qui conduisait à la baie. Je ne demande jamais de faveurs à Dieu mais, ce matin-là, je levai les yeux vers le ciel argenté et tendis les bras en imaginant que je poussais Billy dans les mains du grand Divin. « Prends soin de lui pour moi », avais-je murmuré.

Quelques heures plus tard, Billy mourait.

Je ne quittai pas le lit les jours suivants, incapable de faire autre chose que boire du thé. Il est dit que le processus du chagrin traverse différentes étapes :

le choc, la culpabilité, la colère, la dépression. Mais tous ces sentiments se mêlaient et se précipitèrent sur moi d'un seul coup.

Mon amie Tex passa voir comment j'allais. « C'est bizarre, lui dis-je. Je ne ressens pas exactement de la tristesse. Je me sens comme une poupée vaudou avec des aiguilles plantées sur tout le corps. »

J'avais donné ce surnom tapageur à Tex car elle mesurait un mètre quatre-vingts, était brune et avait un penchant pour les bottes de cow-boy. Malgré son apparence, elle était gentille et réfléchissait toujours avant de parler.

« Oh, ma chérie, dit Tex en me prenant la main C'est cela, le chagrin. » Tex le savait. Elle avait perdu son frère aîné, Pat, dans un accident d'avion alors qu'elle était encore adolescente.

Trois jours après la mort de Billy, une tempête monstre traversa Long Island. Je poussai mon lit contre la fenêtre et regardai le blizzard déchirer le monde dehors. Billy aimait les climats sauvages et turbulents, et alors que l'orage obscurcissait tout le paysage, je ressentis une sorte de satisfaction. La neige « blanchissait » mon monde, tout comme la mort avait « blanchi » celui de Billy. J'ai toujours pensé que quelque chose existait au-delà de la mort, mais je n'avais aucune idée de ce que ce pouvait être. Tandis que le vent hurlait à travers les fenêtres, je fus certaine que c'était l'esprit de Billy, faisant son boucan habituel, vagabondant dans le ciel, essayant de trouver son chemin.

La tempête se calma et les vents s'apaisèrent. Je passais la plupart de mes journées au lit en pleurant. Le reste du temps, j'avalais du Valium jusqu'à ce que je marche comme un zombie. Mes longs cheveux bruns ondulés étaient ternes et emmêlés, mes yeux bouffis n'étaient plus qu'une fente, ma peau était blême. Je n'avais plus l'air d'avoir la quarantaine, mais plutôt cent ans – et cela me convenait, parce que chaque fois que je me voyais dans le miroir, le verdict était toujours le même : coupable.

Au cours de ces dernières années, j'avais tout fait pour venir en aide à Billy : hôpitaux, réinsertion, psychiatres, centres de traitement à la méthadone. En vain. Son combat était comme un trou noir qui m'attirait dans son chaos. Je lui proposais chaque semaine un médicament différent et consultais les médecins les uns après les autres. Je finis par le supplier : « Je ne peux plus le supporter ! S'il te plaît, cesse de m'appeler ! » Mais il n'arrêtait pas. Il ne le pouvait pas. Alors, au lieu de parler, nous finissions tous deux par pleurer et hurler l'un sur l'autre. Un jour, il cessa vraiment d'appeler. Et maintenant, il était parti.

Trois semaines de misère *post mortem* et d'auto-récrimination plus tard, c'était mon anniversaire. Juste avant le lever du soleil, alors que j'émergeais du sommeil, j'entendis quelqu'un prononcer mon nom au-dessus de moi.

Annie ! Annie ! C'est moi ! C'est Billy !

C'était indubitablement la voix profonde et tendre de Billy. J'étais stupéfaite, mais n'éprouvais aucune peur. En fait, je me sentais réconfortée.

« Billy ? dis-je à moitié endormie. Tu ne peux pas être là. Tu es mort. Je dois être en train de rêver. »

Tu ne rêves pas. C'est moi ! Lève-toi et prends ton carnet rouge.

Je fus soudain tout à fait réveillée. J'avais complètement oublié le carnet de cuir rouge que Billy m'avait expédié l'année précédente pour mon anniversaire. J'avais été touchée qu'il ait fait l'effort de m'envoyer un présent, même si j'étais accablée par ses addictions.

Je bondis du lit et trouvai le carnet rouge sur une étagère de ma penderie. Les pages étaient blanches, excepté l'inscription sur la première page :

Chère Annie,

Chacun a besoin d'un livre qui lui soit dédié.
Lis entre les lignes.
Avec tout mon amour,

Billy

Que ces mots étaient bizarres venant de Billy ! *Lis entre les lignes ?* Je passai les doigts sur l'écriture familière. Puis je l'entendis de nouveau.

C'est vraiment moi, Annie. Et je vais bien. Ça va bien parce que… Je saisis un stylo et écrivis ce qu'il disait dans le carnet rouge.

La première chose que l'on ressent est la félicité ; c'est du moins ce qui m'est arrivé. Je ne sais pas si c'est pareil pour tous ceux qui meurent. Au moment où la voiture me heurta, cette énergie est arrivée et m'a attiré hors de mon corps dans un monde supérieur. J'emploie le mot « supérieur », car j'ai eu la sensation de m'élever, et d'un seul coup, toutes mes douleurs avaient cessé.

Je ne me souviens pas avoir flotté au-dessus de mon corps ni l'avoir regardé, ou toutes ces choses. Je suppose que j'étais très impatient de partir d'ici. J'ai su tout de suite que j'étais mort et l'ai accepté, plus que préparé à ce qui m'attendait.

Je n'avais pas conscience de voyager à une vitesse particulière. Je me sentais simplement léger et déchargé de tout fardeau, tandis que la force d'aspiration m'attirait vers une chambre de lumières épaisses d'un bleu argenté. Ceux qui ont vécu des expériences de NDE disent parfois qu'ils ont traversé un tunnel. J'utilise le mot « chambre » parce qu'un tunnel a des pourtours et qu'ici, quelle que soit la direction vers laquelle je me tournais, il n'y avait rien d'autre que de la lumière, pour autant que je pouvais en juger. Sans doute la différence venait-elle du fait que j'avais un aller sans retour, et eux, un aller-retour.

Bien que je n'aie plus mon corps habituel, j'avais l'impression d'en avoir et qu'il était guéri. Les lumières de la chambre me pénétrèrent et me permirent de me sentir de mieux en mieux au fur et à mesure qu'elles me tiraient vers le haut. Non seulement les blessures dues à l'accident de voiture guérirent, mais à la première nanoseconde où je fus touché par les lumières, celles-ci soulagèrent tous les maux dont j'avais souffert toute ma vie : physiques, mentaux, émotionnels et autres.

Très vite, papa apparut juste à côté de moi, jeune et souriant, et plus élégant que jamais. Il plaisantait et demandait : « Qu'est-ce qui t'a autant retardé ? » C'était formidable de voir papa, mais je pense qu'il était là pour me servir de point de repère familier dans un territoire étranger. Je dis cela parce qu'il n'est resté avec moi qu'une partie du voyage et qu'il ne représentait pas l'événement principal.

L'événement principal était les lumières argentées et leur atmosphère de fête. Ces lumières de guérison dégageaient une sensation festive, comme si elles m'encourageaient en disant : « Bienvenue chez toi, fils. »

Je ne peux dire combien de temps j'ai flotté vers cette chambre de guérison, parce que je n'ai plus la notion du temps. Ce que je peux par contre affirmer, c'est que cette chambre est une sorte de canal de naissance cosmique par lequel j'ai pris naissance dans cette nouvelle vie.

Je tiens à ce que tu saches, ma chérie, que plus rien n'est difficile ou cruel pour moi. J'ai glissé de la chambre pour me retrouver directement dans l'Univers glorieux. Je dérive en apesanteur à travers l'espace parmi ces merveilleuses étoiles, lunes et galaxies qui scintillent tout autour de moi. Toute l'atmosphère est emplie d'un fredonnement apaisant, comme si des centaines de milliers de voix chantaient pour moi, mais si loin qu'elles sont à peine audibles.

Et, bien que je ne puisse affirmer avec exactitude que quelqu'un était là pour m'accueillir, dès que je quittai la chambre, je sentis une Présence divine, une sorte de présence aimante et bénéfique ; et c'était vraiment suffisant.

Outre la Présence divine, je sens aussi des êtres autour de moi – je suppose que tu les appellerais des Êtres supérieurs. Je ne peux expliquer pourquoi j'emploie le mot « êtres » et non le singulier ; je sais juste qu'il y en a plusieurs. Je ne peux ni les voir, ni les entendre, mais je les sens bouger autour de moi, glisser imperceptiblement, faisant différentes choses qui concernent celui qui te parle. Et, bien que je n'aie aucune idée de ce que sont ces choses, je suppose que le fait de me retrouver à flotter dans l'espace me semble plus euphorique que terrifiant parce que je suis confié à cet équipage céleste.

Je regarde vers la terre, et elle est en bas. C'est comme s'il y avait un trou dans le ciel, un trou entre nos deux mondes, par lequel je peux regarder et te voir. Je sais combien tu es triste de ma mort. Triste est un mot bien faible. Abandonnée conviendrait mieux. Cependant, la mort n'est pas aussi sérieuse que tu le penses, mon chou. Jusqu'ici, c'est très agréable. En fait, ce ne pourrait aller mieux. Essaie de ne pas prendre la mort aussi sérieusement. Tu t'amuserais bien plus. C'est l'un des secrets de la vie. Veux-tu en connaître un autre ? Dire au revoir n'est pas non plus aussi sérieux que cela paraît, parce que nous nous reverrons.

Aussi soudainement qu'elle était venue, la voix de Billy disparut. J'étais assise sur mon lit, le carnet rouge reposant contre mes genoux, les premières pages remplies des mots de Billy avec mon écriture. Avais-je simplement imaginé sa voix ? Peut-être. Mais d'où venaient ses mots ? Ils ne m'appartenaient définitivement pas.

À l'intérieur de la couverture frontale du carnet, je trouvai une carte qu'avait jointe mon frère à l'envoi – la caricature d'un gros matou orange serrant contre lui une petite chatte violette. Le message de la carte était troublant : *Es-tu réelle, ou est-ce moi qui rêve de toi ?*

Étais-je en train de faire des rêves étranges en réaction à mon chagrin ? Comment pourrais-je le savoir ? C'était impossible et, à ce moment-là, cela m'était vraiment égal. Pour la première fois depuis la mort de Billy, je me sentais heureuse... plus qu'heureuse. Billy allait bien. Et tandis qu'il se décrivait flottant avec béatitude parmi les étoiles, l'atmosphère de son monde avait afflué dans le mien, sans que je sache trop comment. J'étais presque euphorique.

Tout d'un coup, j'eus faim. Je me levai, allai dans la cuisine et me préparai une théière. Je m'assis à table, me gavant de biscuits et de confiture, et ouvris un magazine. Devant moi s'étalait une publicité pour du tissu de salle de bains « Nuage Blanc ». Il représentait un nuage dont on avait coupé un morceau qui ressemblait à un trou dans le ciel. Billy ne venait-il pas de me dire qu'il me voyait à travers un trou dans le ciel ? J'en eus des frissons. Peut-être cette réclame était-elle une sorte de signe ?

« C'est ridicule, me dis-je. Je deviens vraiment un peu folle. » Toutefois, une partie de moi se demandait s'il pouvait vraiment y avoir un lien.

Es-tu réelle, ou est-ce moi qui rêve de toi ?

Tout était si étrange, mais tout coïncidait : l'apparition de Billy, le carnet rouge oublié, son inscription, le message de la carte, la photo d'un trou dans le ciel. Et juste avant d'entendre Billy, j'étais si déprimée que je pouvais à peine soulever la tête de l'oreiller. Maintenant, je me sentais tout à fait sereine.

Billy était-il juste apparu une fois pour me faire savoir qu'il allait bien ? Était-ce terminé ? J'espérais que non. S'il venait me rendre visite une deuxième fois, je serais prête. Je serais objective et attentive afin de savoir s'il était réel. Je décidai de l'attirer à nouveau en gardant le carnet rouge et un stylo avec moi partout où j'irais.

CHAPITRE 2

Encore Billy

Je décidai de ne rien dire de ma rencontre avec Billy. Dix ans auparavant, quand j'apprenais à méditer sur la lumière intérieure, mon instructeur m'avait conseillé de ne pas parler de mes expériences spirituelles ; autrement, je risquais de les perdre. Entendre Billy dans l'au-delà était une expérience spirituelle, n'est-ce pas ? Si c'était vrai, ce n'était pas quelque chose que je voulais risquer de perdre.

Cinq jours après mon anniversaire, tandis que le lever du soleil jetait des ombres roses dans ma chambre blanche, j'entendis à nouveau la voix de Billy. Les yeux ensommeillés, je cherchai le carnet rouge sous mon oreiller, calai ma tête et commençai à noter.

Hello, Princesse. Bonjour.

Quand Billy était en vie et qu'il m'appelait « Princesse », ce n'était jamais un compliment. Dès le début, ma vie avait ressemblé à un conte de fées, comparée à la sienne, et il m'en tenait rigueur. Billy était un « enfant à problèmes » et j'étais un « petit ange ». Je chantais et dansais dans les fêtes scolaires – il tenta de chanter dans un groupe, mais chantait faux. Billy avait échoué au collège tandis que je n'avais que des A. Plus je réussissais, plus il perdait la face et se sentait mal. Me sentant coupable, j'essayais de gagner son affection, sans toutefois y réussir.

Billy employait-il maintenant le surnom de « Princesse » parce qu'il m'en voulait encore ? Je n'avais pas cette impression. La lumière qui accompagnait sa voix me remplissait d'amour.

J'aime cette idée d'écrire un livre, que ce soit toi ou moi. Je pense que je devrais peut-être demander la permission, mais je flotte dans l'espace et ne vois personne à qui demander. Personne, excepté les Êtres supérieurs invisibles que j'ai déjà mentionnés, et je ne veux pas perturber leur bienveillance en leur demandant des faveurs trop tôt [rires].

Je n'ai jamais reçu de permission pour tout ce que j'ai fait dans ma vie. C'est parce que c'était une tout autre affaire. Ici, ceux qui sont au pouvoir sont ceux qui doivent l'être. Pas comme sur terre. Il y a un tel manque de bonté sur ta planète.

Il est difficile d'être toujours gentil, là où tu es, parce que si tu ne t'endurcis pas, tu te fais écraser. La nature de l'existence est dure là-bas. Tu règles un problème et un autre surgit. C'est censé être ainsi, aussi, ne t'inquiète pas trop de cela.

J'en avais fini avec ma vie, Annie. J'ai payé mes dettes, bien que ce ne soit pas ce que nous qualifions habituellement de règlement. Ce n'était pas le montant à payer pour mes prétendus péchés. C'était plutôt des sortes de leçons.

Comment sais-je que ma vie n'était pas une punition pour mes transgressions passées? Eh bien, parce que cela n'existe pas. Tu n'es pas sur terre pour être puni. Cela n'a rien à voir avec les péchés et les châtiments. C'est un concept humain, établi par les hommes. Les humains fabriquent des trucs, puis y croient.

Certainement, il y a beaucoup de souffrance dans la vie, mais pas parce que tu as fait quelque chose pour la mériter. Voici un autre secret pour toi, ma petite sœur. La souffrance fait simplement partie de l'expérience humaine, tout aussi naturellement que la respiration, la vue ou le sang qui coule dans tes veines. La souffrance fait partie du pacte de la terre, aussi, ne t'inquiète pas trop de cela. Bien que je doive admettre que je n'en étais pas très friand moi-même.

Et comment sais-je tout cela? Honnêtement, je ne sais pas. Tout d'un coup, je sais des tas de choses que je ne connaissais pas quand j'étais en vie. Quand tu nais, au moment où tu apparais, ce grand choc provoque une sorte d'amnésie. L'une des choses principales que nous faisons quand nous sommes en vie est d'essayer de nous rappeler les choses que nous avons oubliées.

Il règne ici un aspect de connaissance différent. Tu es vraiment compris, et quel soulagement cela procure! Tant de problèmes dans la vie viennent du fait qu'ils ne sont pas compris ou connus. Les gens sur terre ont parfois des aperçus de l'âme de l'autre, comme lorsqu'ils tombent amoureux. La différence ici, c'est que je suis mon âme. Je suis encore Billy, mais sans mon corps.

J'imagine que ce pourrait être difficile pour certains de ne pas avoir de corps. Quand tu comprends que tu viens de mourir, avec tout le charabia que tu as entendu sur terre à propos de ce qui t'attend, je suppose que tu dois ressentir une certaine appréhension. Pas moi. J'ai plongé dans la mort. Je m'y suis senti immédiatement chez moi.

Je sais, ma chère sœur, tu te demandes si tout cela n'est qu'un produit de ton imagination, quelque chose que ton esprit a fabriqué pour t'aider à surmonter mon récent départ de la terre. Comment sauras-tu si c'est vrai ? Eh bien, parce que je vais te donner des preuves – appelons cela des preuves – afin que tu sois certaine que ce n'est pas ton imagination et que c'est vraiment moi, Annie. C'est Billy.

Et fais quelque chose pour moi, Miss Greta Garbo. Donne une pièce à Tex.

Tandis que Billy parlait, je comprenais tout ce qu'il disait. Cependant, quand sa voix s'estompa, je ne pus me rappeler un seul mot qu'il avait prononcé. Une fois encore, Billy m'avait fait entrer dans un état d'euphorie. Le fait de communiquer avec son âme avait permis à la mienne de s'ouvrir, et le monde entier s'était modifié. Je ne me souciais plus d'être objective. Billy était revenu. C'était tout ce qui m'importait. Je m'allongeai quelques instants pour me concentrer sur ma respiration et m'enraciner un peu.

Ensuite, je descendis mettre quelques bûches dans l'âtre et tentai de me réorienter. Mon esprit posait beaucoup de questions. Était-ce vraiment réel ? Comment pouvais-je être capable d'entendre mon défunt frère me parler ? Avais-je tout simplement vécu une sorte d'expérience hors du corps ? Je ne le pensais pas. Je n'avais voyagé nulle part. Le nulle part était venu à moi.

J'ouvris le carnet rouge et relus ce que j'avais écrit. C'était vraiment les paroles de Billy, dans son état le plus sage et le plus séducteur – Billy quand il était cohérent et sobre.

Et il semblait capable de lire en moi. Il savait que j'avais des doutes sur sa réalité.

Soudain, le fait que j'avais des hallucinations ne me parut plus logique. Les hallucinations ne reconnaissent pas vos doutes. Peut-être le phénomène Billy était-il semblable à un membre fantôme, quelque chose qui semble être encore là, même s'il ne l'est pas. Ou peut-être entendais-je sa voix à l'intérieur de ma tête, comme quand quelqu'un dit : « Je peux entendre la voix de mon père dans ma tête, me dire que… »

Le problème est que cette voix n'était pas *à l'intérieur* de ma tête – elle était *à l'extérieur*, et elle résonnait comme si j'étais en bas d'un long escalier et qu'elle venait d'en haut. Les deux fois où j'avais entendu Billy, il se tenait au-dessus de moi et sur ma droite.

Chose encore plus étrange, il m'avait dit de donner une pièce à mon amie Tex. Pourquoi ? Comment même connaissait-il son nom ? Et il voulait maintenant que je lui parle de lui. Toute ma vie, j'avais fait des choses que je ne voulais pas faire pour Billy : mentir à mes parents, lui donner de l'argent, le laisser se vautrer sur le sofa de mon minuscule appartement pendant des semaines. Devais-je encore faire ce qu'il voulait maintenant qu'il était mort ?

L'idée de raconter cette histoire à Tex fit disparaître toute magie. Mon humeur retombée, le monde concret semblait encore plus concret qu'auparavant. Cela n'empêchait pas que quelque chose d'excitant était arrivé. Quelque chose existait au-delà de ma routine, de l'existence quotidienne.

Trois ans auparavant, j'avais traversé une période d'extrême lassitude vis-à-vis du monde. Sans doute, après presque une décade de méditation intense, étais-je arrivée à un trop grand détachement des hauts et des bas de l'existence normale. Vue de l'extérieur, ma vie paraissait tout à fait agréable : une carrière réussie en qualité de chiropraticienne à New York City, un mari qui était associé dans un cabinet d'avocats, et ma collaboration avec un producteur de musique talentueux. Malgré cela, en l'espace de quelques mois, tout s'effondra. Mon mari, Steve, m'apparut soudain comme un étranger, travailler avec les patients me donnait des maux de tête, et je n'avais pas vendu une seule chanson.

La seule chose que j'étais certaine de vouloir, c'était la solitude. D'où le surnom que m'avait donné Billy : Greta Garbo. Ainsi, tout en ayant l'impression de me jeter d'une falaise, je me séparai de mon mari, vendis mon cabinet, quittai la ville et m'installai dans une vieille maison à l'extrémité de Long Island.

Je fis l'acquisition d'un équipement audio de seconde main et installai un studio de musique. J'écrivais des chansons depuis mon adolescence et avais été sur le point d'en vendre quelques-unes à des artistes sous contrat d'enregistrement, renommés. Cela semblait saugrenu, mais si je me consacrais à la musique, peut-être pourrais-je gagner ma vie en tant que compositrice.

Pendant six mois, seule avec mes deux chats, près de la baie de Gardiner, j'écrivis des tas de chansons que personne n'acheta, méditai trois à quatre heures par jour, fis de longues marches près de l'eau en ne voyant parfois personne pendant des jours, hormis le facteur.

Mais même la solitude vous tape sur les nerfs. Après n'avoir porté rien d'autre que des pyjamas et avoir laissé mes cheveux devenir si sales qu'ils ressemblaient à une salade flétrie, je décidai de me joindre à un groupe d'écrivains des environs. Peut-être avais-je un roman en moi? Je ne pensais pas devenir soudain une auteure de *best-seller*, mais cela me fit sortir de chez moi.

C'est ainsi que je rencontrai Tex, la présidente de mon groupe d'écrivains. Elle avait publié un mémoire et écrit quelques épisodes pour une émission populaire d'une chaîne de télévision câblée. Nous nous sommes appréciées dès notre première rencontre.

Mais pourquoi Billy m'avait-il dit de lui donner une pièce ?

Je pris l'enveloppe de papier bulle que m'avait envoyée le sergent Diaz après la mort de Billy. Elle contenait le peu de biens qui lui restaient : un carnet d'adresses en lambeaux, la carte d'accès d'une auberge Ramada, deux paires de lunettes sales et un peu de cash. Était-ce tout ce qui restait de la vie de mon frère ?

Je déposai le cash sur la table de ma cuisine. Quelle pièce étais-je supposée donner à Tex ? Un centime, une pièce de cinq sous ou une pièce de dix centimes ? C'est alors que j'entendis la voix de Billy.

Trouve... ma... voiture.

J'en fus toute secouée. Ce n'était pas comme entendre la voix de Billy alors que j'étais à moitié endormie dans mon lit ; j'étais dans ma cuisine en plein milieu de la journée. Et sa voix était plus forte – robotique et impérieuse. Je pris peur. Je ne pouvais plus y faire face seule maintenant. Bien que nous soyons séparés, j'appelai mon mari, Steve.

« J'ai quelque chose de vraiment étrange à te dire. » Je pris une grande inspiration. « Billy m'a parlé. »

« C'est sensationnel ! Qu'a-t-il dit ? » Je pouvais deviner par sa voix qu'il me laissait le bénéfice du doute.

« Je l'ai écrit. » Il y eut un silence à l'autre bout du fil. « Tu ne penses pas que je suis folle, n'est-ce pas ? »

« Non, me rassura Steve. Les gens ne deviennent pas fous d'un seul coup. Il se passe quelque chose. Faxe-moi les pages. »

C'était bien Steve. Passer directement à l'action.

« Il y a autre chose, dis-je. Il y a un instant, j'étais dans la cuisine et je jure que Billy m'a demandé de trouver sa voiture. A-t-il même eu une voiture ? »

Steve pouvait répondre à cette question parce qu'il avait été le seul à être resté en contact avec Billy jusqu'au jour de sa mort. Quelle que soit la chose dont ait eu besoin mon frère – argent, conseil, amitié, compassion –, Steve répondait toujours à l'appel.

« Billy avait une vieille Mercedes dans laquelle il vivait, m'expliqua Steve. Mais il l'a plantée dans un arbre une semaine avant sa mort. Elle est probablement dans une casse en Floride. »

Ainsi, Billy avait une voiture ! « Je te rappellerai », lui dis-je en raccrochant.

Bien que je fusse secouée, je devais savoir si Billy était encore dans les environs et s'il répondrait à mes questions. Je levai les yeux au plafond et demandai tout haut : « Comment puis-je trouver ta voiture, Billy ? »

Mon... porte... carte.

Respirant à peine, je sortis le porte-carte de l'enveloppe de papier bulle et trouvai la carte de visite d'un négociant en Mercedes.

Prends... les... choses... dans... ma... voiture.

« Quelles choses ? » Pas de réponse. « Quelles choses, Billy ? »

Il était parti.

Essayant de retrouver une voix calme, j'appelai Hans, le négociant en Mercedes dont le nom était inscrit sur la carte de visite que je tenais maintenant dans la main. Je faillis tomber à la renverse quand il me dit qu'il avait l'épave de mon frère ! Soit j'étais soudain devenue clairaudiente, soit Billy communiquait vraiment avec moi. Quand je demandai à Hans de m'envoyer toutes ses possessions, il me dit qu'il allait le faire immédiatement.

Les matins qui suivirent, je murmurai le nom de Billy en me réveillant, mais n'eus aucun signe de lui. Dans un sens, j'étais contente de ne pas être capable de l'invoquer. C'était son affaire. C'était lui le responsable... pour changer.

CHAPITRE 3

La nature divine de toutes choses

Quelques jours après la visite de Billy dans ma cuisine, je vis Tex à mon groupe d'écriture. Chaque mercredi soir, de 19 à 21 heures, un petit groupe d'écrivains inspirés s'asseyait autour de l'énorme cheminée de pierres grises dans le salon de Tex, et lisait ses nouveaux chapitres à haute voix. Étant donné que la plupart des novices s'imaginent souvent avoir écrit le nouveau *best-seller*, nous étions très modérés et délicats dans nos critiques. Après le cours, Tex et moi nous retrouvions seules et disséquions les lectures de la soirée, sans pitié. Ce n'était pas de la cruauté, c'est ainsi qu'elle m'enseignait à écrire.

Après le cours ce soir-là, Tex, comme d'habitude, se versait des verres de scotch. Je sirotais mon

Pellegrino. Quand elle eut vidé son second verre, je dis : « Veux-tu entendre quelque chose d'incroyable ? Billy m'a parlé. »

Elle cligna des yeux, mais du moins ne rit pas.

« Je ne plaisante pas. Et j'ai tout noté. Penses-tu que je sois cinglée ? »

« Oh, c'est cela, répondit-elle. Tu es malheureuse depuis la mort de Billy, mais ce soir tu resplendis. Ouais, je te crois. Pourquoi pas ? »

« Billy m'a dit qu'il voulait te donner une pièce, mais je ne sais pas du tout de quoi il parle. »

Tex sourit. « Je suis contente. Je suis contente qu'il veuille me donner quelque chose. »

Je sortis une photo de Billy que j'avais glissée dans mon portefeuille.

« Sombre et élégant, dit Tex. Il semble avoir un secret que personne d'autre ne connaît. Je sortirais bien avec lui. Je veux dire, j'aurais bien voulu. »

J'avais déjà entendu cela. Les femmes tombaient sous le charme de Billy. Non pas qu'il lui fallait tenter sa chance ; il avait ce don particulier.

« De quoi parle-t-il ? » demanda Tex.

« De béatitude, de lumière, d'Êtres supérieurs invisibles. »

« Je pense que tu devrais lire ce que tu as écrit durant le cours de la semaine prochaine », dit-elle.

« Tu plaisantes ! Je ne vais pas dire aux gens que mon frère décédé me parle. En outre, je ne suis pas censée parler de mes expériences spirituelles. »

« Considère la chose ainsi : ce sont les expériences de Billy, pas les tiennes. Tu devrais les lire, insista Tex.

Prétends que c'est un nouveau roman sur lequel tu travailles. Billy en est le personnage principal et il parle à sa sœur du paradis. »

« Je vais y penser. »

Peut-être était-ce tout ce qui restait de sa vie, mais je tenais à ce que personne ne juge Billy et sa nouvelle condition. Même si j'étais bien plus jeune que lui, j'avais toujours senti que Billy était un enfant incompris et j'étais sa protectrice.

Peut-être que cette fois, c'était moi l'enfant et lui, le protecteur. Quoi qu'il en soit, il me semblait trop risqué de lire ses paroles à mon groupe d'écriture. J'avais peur qu'ils pensent que j'avais disjoncté.

J'envisageai de demander à Billy si je pouvais lire ses notes à la classe la prochaine fois qu'il viendrait me rendre visite. Deux jours plus tard, quand il me réveilla avant l'aube, la question se dissipa dans la lumière de sa dimension.

Bonjour, petite sœur.

Même si je n'ai plus de corps, j'ai encore l'impression d'être un individu. Assez pour disparaître dans une mer de béatitude. Comprends-moi bien. Je suis profondément plongé dans l'expérience de la béatitude, mais je n'ai absolument pas disparu.

Qu'est-ce que la béatitude ? C'est comme être amoureux multiplié par mille, mais cela n'a rien à voir avec qui que ce soit. C'est épanouissant en soi. Sur terre, tu as normalement besoin de quelqu'un qui te donne une raison de ressentir de l'amour, et ce sentiment a généralement ses hauts et ses bas. En ce qui concerne la béatitude, il n'y a pas de bas – et tu n'as pas besoin de raison pour la ressentir. Comme ton âme flotte à travers cette dimension, il est tout simplement naturel de sentir la béatitude.

Le genre de béatitude qui existe ici n'est pas compatible avec le corps humain, parce que les corps sont sujets à certaines lois. Je suis sûr qu'il y a aussi des lois ici, mais elles semblent très clémentes, décontractées, bien disposées envers toi. Il y a beaucoup de liberté ici, que tu n'as pas quand tu es sur terre où les conditions te piègent dans la limitation. Pour moi, il semble n'y avoir aucune limitation, que du potentiel.

C'est parce que Dieu, ou Esprit, ou tout autre nom que tu préfères lui donner, est indéniablement là où je suis. Tandis que je dérive dans l'espace, les rayons de lumière des corps célestes qui étincellent tout autour de moi, eh bien ces rayons ont des personnalités de toutes sortes – des qualités telles que la sagesse, la bonté, la compassion et l'intelligence. Il m'arrive de penser que les rayons de lumière sont en fait les superpensées d'un Être suprême. Je ne peux pas vraiment l'expliquer.

Être dans un corps terrestre et regarder à travers des yeux physiques limite la façon dont tu perçois la lumière. Tes yeux ne peuvent voir la lumière directement, mais seulement les choses sur lesquelles elle brille ; aussi la lumière reste-t-elle invisible, tout comme l'âme. Cela entraîne de grandes souffrances ici-bas sur ta planète, parce qu'il est difficile de croire en ce que tu vois. La lumière ici rend visible ce qui est invisible sur terre : la nature divine de toutes choses.

Le meilleur remède à la souffrance ? Une expérience d'éveil à tout. Qu'est-ce que cela veut dire ? Cela signifie trouver l'invisible dans le visible. Tu n'es pas que cette personne qui marche sur la terre. Tu as une âme. Et c'est de la quête spirituelle qu'il s'agit.

Et Princesse, même si je t'ai déçue dans le passé, ne t'y attarde pas. La déception fait partie de l'essence de la terre. Mais les choses changent. Je sais que tu as entendu cela des millions de fois, mais c'est un secret. Les choses changent. Quand tu meurs, tu comprends combien elles changent et tu comprends qu'il y a des choses immortelles, des choses que tu prends avec toi, et qui changent aussi.

Quel est le sens du concept oriental de Maya, ou illusion ? Cela veut dire impermanence. Cela veut dire que nos vies sont impermanentes.

Le mercredi soir suivant, le soir du groupe d'écriture, était froid et venteux. Tandis que je montais le chemin de pierre séparant ma voiture de la maison de Tex, avec mon carnet rouge dans mon sac, les réverbères me semblèrent plus lumineux, la lumière de la lune plus argentée, les arbres nus plus sculpturaux.

« L'effet Billy », me dis-je. C'était la première fois que j'utilisais ce terme.

Nous étions six à nous installer sur les canapés gris et rugueux de Tex et sur les chaises. J'étais la première à lire ce soir-là.

« J'ai commencé un nouveau roman. C'est un peu insolite. » Je sortis le carnet rouge et lus les deux premières interventions de Billy.

À la fin, je levai les yeux pour regarder autour de moi et je vis des hochements de tête appréciatifs. Peut-être voulaient-ils se montrer gentils ; tout le monde savait que mon frère venait de mourir.

Une seule personne, J. B., ne m'avait pas regardée. Je savais qu'il ne serait pas tendre. J. B. était froid, distant, sans émotion. De plus, nous étions en compétition tacite pour trouver le plus grand nombre de défauts dans le travail de l'autre.

Tex restait assise en regardant fixement sa tasse de café, et attendait.

Soudain, je sentis une pression irrésistible et ne pus garder le silence. « La vérité, c'est que je sais que cela semble fou, mais Billy m'a parlé. Les mots que je viens de lire sont vraiment ses propres mots. »

« Alors, tu dois les écrire tels quels », dit Tex.

« Écrire un livre avec mon frère décédé ? C'est trop bizarre. » Je luttais pour expliquer ma résistance. « Vous, les amis, vous me connaissez déjà. Mais les gens se feront tout un tas d'opinions sur cela. Ils penseront que je suis une niaise exaltée, ou pire, une fraudeuse. »

« Depuis quand te soucies-tu de ce que pensent les gens ? » demanda Tex.

« Je m'en fiche. Je ne veux tout simplement pas que ce soit un désastre. »

« Il y a un écrivain brésilien, dit J. B., du nom de Machado de Assis, qui, à la fin du XIXe siècle, a écrit un grand livre appelé *Les Mémoires posthumes de Brás Cubas*. Le personnage principal est mort et parle de l'au-delà. Aussi, fais ce que tu as fait avec nous. Prétends que c'est un roman. Personne n'a à le savoir. »

J'allai dormir cette nuit-là en espérant que Billy viendrait me voir le matin suivant. Mais les jours passèrent sans autre signe. Peut-être avais-je perdu mon expérience spirituelle en en parlant ? Pourquoi avais-je écouté Tex plutôt que mon professeur de méditation ?

Cette fois, c'était moi qui avais déçu Billy, et non le contraire.

CHAPITRE 4

Ils ne peuvent pas me le prendre

Deux semaines après ma lecture pendant le cours, c'était l'anniversaire de Billy. Je n'avais toujours pas de ses nouvelles et j'avais le cafard. Je me réveillai au milieu de la nuit, le corps tout endolori.

Billy était manifestement en colère contre moi, il pensait certainement que je l'avais trahi en exposant notre secret. Pourquoi ne lui avais-je pas demandé la permission? Oh! mais écoutez-moi ça! Je suis devenue une cinglée saugrenue qui a besoin de la permission de son défunt frère toxicomane. Je ferais mieux de revenir sur terre. Billy n'est probablement pas réel.

J'entendis alors Billy chanter.

Non, non, ils ne peuvent me le prendre...

Ne t'inquiète pas, Princesse. Même si j'ai quitté la terre, tu ne m'as pas perdu, n'est-ce pas ? Je suis une sorte de gardien pour toi maintenant. Je ne te reproche pas d'avoir des doutes sur ce qui se passe. Mais si je ne suis pas réel, comment se fait-il que mon chant t'aide à te sentir mieux ? D'autant plus que je continue à chanter faux [rires].

C'est de l'énergie que je t'apporte. C'est de l'amour. Pas de l'amour terrestre. Pas celui qui dépend de ce que tu fais ou de l'aspect que tu as. Pas ce genre d'amour qui me pousse à te haïr aujourd'hui et à t'aimer demain, bien que ce soit généralement le contraire. C'est plutôt hier je t'aimais, mais aujourd'hui je te hais parce que tu n'es plus celle que tu étais la veille. J'apporte le genre d'amour qui existe dans le lieu où je suis.

Comment cela se fait-il ? Je suppose que c'est permis. Un échange entre nous, entre des dimensions différentes. Pourquoi ? Peut-être parce que je tiens tant à te donner quelque chose, et que c'est quelque chose que tu es capable de prendre. Tu as besoin d'une autre dimension dans ta vie, Miss Garbo.

Tu m'appelles parce que c'est mon anniversaire, mais je suis en plein processus d'apprentissage, et il m'est difficile de parler, malgré ton désir de m'entendre – et j'en suis désolé. Pourquoi ne te couvres-tu pas pour aller marcher près de la baie ? L'eau bleue, vivante et salée, la neige sur ton visage ? Tourne-toi vers la nature pour te décharger un peu de la difficulté que tu dois supporter. La nature possède plus de lumière que toute autre chose sur ta planète. Puis, au lieu de ta méditation habituelle, pense à la chambre de guérison par laquelle je suis passé au moment de ma mort. C'est la partie de l'au-delà qui jouxte ton corps au moment de la mort, et elle n'est donc pas éloignée de ton monde. Je sais qu'au moment où je te l'ai décrite, tu l'as ressentie un peu.

Je dois partir. Bon anniversaire à moi-même.

Quand le jour se leva, je revêtis mon équipement d'hiver et partis vers la baie. À mon arrivée, une légère neige se mit à tomber. L'eau, le ciel, le chant des mouettes et la douce danse des flocons de neige intensifièrent mon sentiment d'euphorie.

Ainsi, Billy était mon gardien maintenant. Mon grand frère déboussolé me montrait le chemin. Il savait des choses sur moi qu'il ignorait quand il était en vie. Il savait que je méditais. Il savait probablement aussi que j'avais arrêté depuis sa mort.

À la mort de Billy, j'étais trop ravagée pour m'asseoir sur mon coussin de soie jaune dans le coin de ma chambre. J'avais essayé de méditer couchée, mais tout ce que je ressentais était de la souffrance. De la souffrance à la place de la lumière. Pour la première fois en dix ans, j'avais fermé les yeux et rien ne s'était passé. Je ne trouvais pas la lumière à l'intérieur de moi.

Le vent vif venu de la baie eut raison de moi et je revins à la maison. Je m'allongeai sur mon lit, fermai les yeux et essayai de m'imaginer à l'intérieur de la chambre de guérison. Très vite, je sentis de la lumière argentée m'entourer, tel un projecteur. Mes cellules se mirent à scintiller comme de minuscules étoiles tandis que la lumière les faisait monter et traverser le sommet de ma tête pour se fondre en elle.

En me levant, j'eus l'impression de m'être douchée dans une cascade d'énergie pure. Au lieu de sentir la lumière à l'intérieur de moi, j'étais maintenant à l'intérieur de la lumière. Je demeurai des heures dans cet état de béatitude, en buvant du thé, en mangeant près du feu, en composant sur mon clavier. Mes yeux restèrent ouverts pendant tout ce temps.

Après l'expérience de la chambre, je fus capable de reprendre la méditation. Je m'assis des heures sur un coussin dans une pièce obscure, concentrée sur la lumière intérieure. Quand vous méditez plusieurs heures de suite, vous rencontrez des murs, vous ressentez de l'inconfort, votre esprit vous gêne, et vous mourez d'envie d'arrêter. Mais vous continuez et vous passez le cap.

Maintenant, avec l'aide de Billy, je passais le cap, mais d'une tout autre manière. Mon frère, mon grand frère fou, imprévisible et plein de charme, me révélait les secrets du cosmos. C'était la chose la plus inattendue qui me soit arrivée. Je n'avais aucune idée du moment de la prochaine visite de Billy. Il n'y avait aucune règle définie, hormis qu'il semblait préférer le lever du soleil.

CHAPITRE 5

Il n'y a pas d'ensoleillement sans soleil

Quelques jours après l'anniversaire de Billy, je reçus un appel de la compagnie d'assurance du conducteur qui avait mis fin à sa vie. On m'expliqua qu'au moment où la voiture avait heurté mon frère, sa tête avait traversé le pare-brise et qu'il s'était retrouvé face à face avec le conducteur. Ce qu'on me dit après était très confus. Quand nous raccrochâmes, je posai la tête sur le bureau et me mis à pleurer. Bientôt, la voix apaisante de Billy sortit du plafond. Je saisis le carnet rouge.

Je suis vraiment désolé que ce soit une mauvaise matinée pour toi. Le fait que ma tête ait traversé le pare-brise était un détail que tu n'avais pas besoin de connaître, Princesse.

Quel ange a été ce conducteur ! Quel saint ! Endurer tout cela pour me délivrer ! J'avais besoin d'être délivré, ma chérie. Je souhaiterais que tu puisses trouver ce type et l'embrasser pour moi.

Et bien sûr, aujourd'hui, ce sont les « ides de mars », l'anniversaire du jour où j'ai été jeté en prison pour avoir vendu de la drogue. Je n'ai jamais fait partie des grandes ligues de dealers, *ni même des petites. J'essayais simplement de faire assez d'argent pour pouvoir satisfaire à ma propre dépendance. La vie d'un drogué n'est pas une vie facile. C'est un chemin très particulier, mais c'était juste une partie de mon chemin.*

La tête à travers le pare-brise. Vendre de la drogue. La prison pour quelques années. Rien qui puisse t'intéresser, mais ce fut instructif pour moi. Jusqu'où pouvais-je m'avancer sur le rebord avant de tomber ?

Je suis tombé, Annie, et je ne me suis pas senti très bien. Pas vraiment. Pas quand je venais d'avoir soixante ans et que mes charmes s'estompaient.

Te rappelles-tu toutes les femmes que j'ai eu la chance d'aimer et dont je me suis occupé le long de mon chemin ? Les femmes aiment vraiment cette association particulière, le saint chenapan. Et c'est un peu ce que j'étais : un agent secret du peloton des anges, un sombre messager de la lumière.

J'avais cette caractéristique de saint chenapan qui perdurait et, par-dessus le marché, j'avais besoin d'être sauvé. Les femmes aiment tout ce qui a trait au « rachat de votre âme ». Et certainement, j'étais brun et avenant, avec une voix profonde qui était la cerise sur mon gâteau personnel. J'avais la voix qu'il fallait, qui filtrait les mots adéquats, parce que, quoi que l'on en dise, j'étais toujours sincère.

Comment pouvais-je être aussi beau et aussi terrible en même temps ? Pour tout dire, je n'en sais rien !

Et quand tu iras à ton cours d'écriture ce soir, Annie, donne ce message à J. B.: «Il n'y a pas d'ensoleillement sans soleil.» Dis-le au moment où tu liras le passage où j'ai été heurté par la voiture.

«Tu plaisantes, j'espère. Je ne vais pas donner ce message à J. B.», dis-je tout haut.

J. B. était la dernière personne du groupe qui voudrait entendre parler de mon frère décédé. Déjà que je risquais de passer pour une cinglée en lisant mes communications avec Billy pendant le cours. Voilà que maintenant, il voulait que je délivre un message personnel à la personne la plus sceptique de ce groupe. J'étais certaine que J. B. avait suggéré que je fasse passer mes notes comme fiction, car il pensait que c'était ce qu'elles étaient: une fiction.

«Il n'y a pas d'ensoleillement sans soleil»? Peut-être Billy évoquait-il les paroles de l'ancienne chanson de Bill Withers, *Ain't no sunshine when she's gone* (Le soleil est mort quand elle est partie).

Il n'y a pas d'ensoleillement sans soleil, répéta Billy de nulle part.

«Tu peux donc lire dans mon esprit. La belle affaire! Je n'y arrive pas encore!» répondis-je.

Ce soir-là, à ma grande surprise, après avoir terminé de lire le passage dans lequel Billy traverse le pare-brise, je me tournai vers J. B. et dis: «Je sais que cela peut te sembler étrange, mais Billy veut te délivrer un message: "Il n'y a pas d'ensoleillement sans soleil."»

Personne, pas même J. B., ne réagit.

Puis ce fut au tour de J. B. de lire. Il écrivait une nouvelle autobiographique basée sur son séjour en France. De manière tout à fait inattendue, au cours de sa lecture, J. B. eut la gorge nouée et se mit à pleurer en nous décrivant un événement dont personne n'avait entendu parler : son jeune fils avait été renversé par une voiture et avait été tué.

La pièce s'emplit de silence. J. B. s'arrêta une minute, puis continua sa lecture. Comme les autres, j'étais choquée et triste. Tout à coup, cela me frappa. Ce n'était pas *s-u-n* (soleil), mais *s-o-n* (fils) ! Il n'y a pas d'ensoleillement sans le fils !

Quand J. B. s'arrêta de lire, personne ne dit mot. Il était le dernier lecteur de la soirée, et dès qu'il eut fini, il rassembla très vite ses papiers et partit.

Je restai après le cours et Tex apporta le scotch.

« Tout ceci est-il bien arrivé ? » demandai-je.

« Oh oui », dit-elle avec son sourire charmeur et tortueux. « Définitivement. »

« Et Billy m'a conseillé de le lui dire juste au moment où il parle de son accident. Quelqu'un d'autre a-t-il compris ? L'histoire de l'accident de voiture ? »

« Je ne sais pas, Annie. Je ne sais pas pour les autres. Mais je pense qu'il n'est pas possible que le message de Billy à J. B. soit juste un hasard. Il était trop spécifique, trop dramatique. Je me demande ce qu'en pense J. B. »

« Peut-être que, d'une manière étrange, Billy essayait de lui faire savoir que l'âme de son fils vit toujours », dis-je.

Je me mis au lit cette nuit-là, me sentant très énervée et inquiète, comme un enfant monté dans un grand-huit. J'avais le cœur battant. Quelque chose d'important s'était passé et le fait qu'il y ait des témoins de ce quelque chose plaçait la barre plus haut. Jusqu'à maintenant, une partie de moi doutait encore que je parlais vraiment à Billy. La sceptique en moi n'était pas sûre que ce n'était pas mon subconscient qui personnifiait mon frère pour m'aider à supporter mon chagrin. Mais ce qui était arrivé pendant le cours était trop surprenant pour être qualifié de pure coïncidence.

Comme je me réveillais le lendemain matin, le visage gonflé et souffrant d'un terrible mal de dent, mon excitation de la nuit dernière se changea en pure terreur. Je n'aurais jamais dû délivrer ce message à J. B. Étais-je en train de transgresser certaines frontières entre les vivants et les morts ? Mon mal de dent était peut-être une punition, un avertissement pour ne pas aller plus loin.

Pourquoi devrais-je faire tout ce que me disait Billy ? À la manière des ennuis qu'il attirait quand il était en vie, il n'avait franchement pas été un exemple. Était-il aussi dangereux dans l'au delà qu'il l'avait été dans la vie ? Mais je savais que Billy m'aimait et ne ferait jamais rien pour me nuire. N'est-ce pas ?

CHAPITRE 6

L'hologramme

Après mon mal de dent, la douleur du canal radiculaire et l'horrible infection qui s'était ensuivie, je sentis la peur m'envahir. Je voulais des réponses. Chaque matin, j'attendais la visite de Billy pour obtenir des explications, mais il ne donnait aucun signe. Il était parti. Je ne pouvais croire qu'il avait planifié cet invraisemblable événement avec J. B. pour ensuite disparaître. Mais c'était Billy. Exactement comme avant.

Le message de Billy à J. B. m'avait convaincue que je n'imaginais pas nos communications. Mais qui étais-je pour être celle qui prouverait qu'il y a une vie après la mort ? Peut-être étais-je en train de briser un tabou sacré, d'essayer d'ouvrir une boîte de Pandore cosmique ?

Je manquai le cours d'écriture suivant à cause de ma dent. Je fus heureuse d'apprendre par Tex que personne n'avait remis le message de Billy sur le tapis. J'enfermai le carnet rouge dans le tiroir de ma table de nuit au lieu de le garder sur moi. Il se passa presque un mois avant que Billy ne se montre à nouveau, début avril.

Bonjour. Je ne t'ai pas abandonnée, Annie. Je déteste te dire cela, mais tu n'es pas le seul objet de mon programme, Princesse. Ainsi, tu as eu peur parce que tu as souffert d'un mal de dent? Non, ma chérie. Ce n'est pas arrivé parce que tu fais quelque chose de mal en me parlant. Les Forces divines ne te punissent pas parce que tu écris sur ce qui arrive après la mort. Je te l'ai dit, ces sortes de châtiments n'existent pas. N'arrête pas d'écrire notre livre juste parce que tu as eu mal aux dents.

Tu es si sensible. C'est l'une des raisons pour lesquelles nous pouvons avoir ces communications. Tu as toujours été une enfant sensible, celle qui avait toujours peur. Bon, peut-être que si je m'avais comme grand frère, j'aurais peur aussi [rires].

Après notre dernière visite, j'ai dérivé dans l'Univers, me laissant séduire par les paysages, quand un vent cosmique commença à m'entourer lentement comme une tornade. Ce vent devait contenir une sorte de force magnétique, parce que des cristaux blancs se rassemblaient autour comme des flocons de neige sur le pare-brise d'une voiture. Quand le tourbillon cessa, les cristaux avaient formé un cercle autour de moi. Ce cercle semblait éloigné de moi de vingt-sept mètres environ. Je dis «semblait» car il n'y a aucun moyen de mesurer la distance exacte. Ce pourrait tout aussi bien être une distance de plusieurs années-lumière.

Puis ce fut comme si quelqu'un avait appuyé sur le bouton de démarrage d'un projecteur cosmique ; le cercle devint un film circulaire qui continue à se dérouler tout autour de moi.

Cependant, ce que je vois est complètement différent des films que j'ai vus au théâtre. Tout d'abord, je suis suspendu au milieu de l'Univers, et ensuite, tout le film se déroule en même temps et les images sont holographiques.

Je suis entouré d'un nombre incalculable d'images multidimensionnelles, des images conformes à la réalité : un bébé pleurant dans son berceau ; un enfant de six ans, noir et aux cheveux crépus, sautant de toit en toit tandis que sa mère lui hurle dessus du trottoir ; un adolescent en jean noir portant une corde enroulée autour du bras ; un type en costume embrassant une magnifique blonde dans une chapelle de mariage à Las Vegas. Il ne me faut pas longtemps avant de m'apercevoir que je suis la star.

Quand nous sommes en vie, quelque chose à l'intérieur de nous, une sorte de puce informatique, enregistre tout ce que nous traversons. En ce moment même, je suis en train de regarder ma vie entière, de la naissance à la mort. Je regarde là, je regarde là-bas, en accéléré, en rembobinant, en zoomant. Je vois les chemins que j'ai pris, et ceux que je n'ai pas pris. Je vois quand j'ai été génial et quand j'aurais pu faire mieux. Je ne mets toutefois ni morale ni jugement sur ce que je vois. Cela me semble simplement intéressant.

La chose vraiment remarquable, c'est que cet hologramme possède une caractéristique très spéciale. Tu sais, quand tu penses en toi-même : « Et si… » Par exemple, quand j'étais en vie, je me demandais souvent : « Et si j'avais épousé mon premier amour ? » Ou encore : « Et si j'avais réussi à l'école ? »

Devine quoi ? Mon hologramme est expansible. Je peux vivre la vie de ces « et si » et voir où ils m'auraient mené. Je peux suivre tous les autres chemins que je n'ai pas pris quand j'étais vivant et voir comment ils m'auraient transformé. Plus surprenant cependant, il ne semble pas y avoir un chemin plus valable qu'un autre. Je n'ai pas de préférence. C'est tout simplement fascinant et je n'ai aucun regret.

Je sais que cela peut paraître étrange. J'ai accompli beaucoup d'actions que les gens qualifieraient de fautes, de grosses fautes. Mais telles que je les considère maintenant, j'estime que j'ai eu une vie formidable. Tout était merveilleux, même les moments difficiles.

Je ne voyais évidemment pas ma vie de cette manière quand j'étais sur terre. Mon nouveau point de vue en a extrait les difficultés, les sensations de lutte. C'est parce que, même si je suis tout à fait conscient qu'il s'agit de moi sur l'écran cosmique, je le regarde de loin ; j'ai ainsi l'impression que tous les hauts et les bas, tous les drames, arrivent à quelqu'un d'autre.

C'est amusant. On dit qu'il y a le jour du Jugement le lendemain de votre mort, mais en fait, c'est le contraire. Il y a le jour du Non-Jugement. Observer ma vie est devenu agréable, à ma grande surprise, parce que j'accepte de manière absolue ce que je suis et tout ce que j'ai fait. Cela aurait été bien si j'avais été capable d'avoir cette attitude quand j'étais en vie, mais je suppose que je n'étais pas si avancé. Il faut être un bouddha pour être si avancé.

Tout paraît tellement mieux qu'avant maintenant. C'est comme si j'étais sous l'influence d'une drogue quelconque. Cela ne ressemble cependant en rien aux drogues que j'ai prises. C'est très pur et bien plus merveilleux, et il n'y a pas d'effets secondaires. Oh… et ce n'est pas illégal [rires].

Je pense que cette soi-disant drogue est vraiment la Présence divine, et sa suite immédiate, ces Êtres supérieurs. Pourquoi dis-je cela? Parce qu'à ce point, il ne fait aucun doute dans mon esprit que des Êtres sont présents et m'entourent dans l'atmosphère: des Êtres sages, bons, super-évolués, sous la garde de qui je suis maintenant. Et souviens-toi, quand tu penses à l'amour, tu utilises ton esprit humain. Il n'y a aucune comparaison avec la nature véritable de cet amour qui dépasse les bornes.

Je suppose que, quand tu reçois de l'amour vrai, quand quelqu'un t'aime de manière inconditionnelle, je suppose que tu commences à ressentir la même chose envers toi-même. L'Inconditionnel.

Tandis que Billy parlait, j'étais à nouveau balayée dans la lumière et l'énergie de son monde et avais oublié mes soucis. Des heures plus tard, quand les effets s'estompèrent, vaquer avec rigueur à la vie quotidienne ne fut pas facile. Comme un astronaute, j'avais du mal à me réajuster à la gravité. Cette poussée terrestre m'alourdissait. Je me sentais comme un extraterrestre dysfonctionnel, non adapté à la vie dans ce monde.

Cet après-midi-là, alors que j'étais dans ma cuisine, Billy murmura:

Montre-moi l'argent.

Il avait maintenant compris que murmurer quand il me parlait en pleine journée atténuait le choc.

Appelle Tex et dis-lui: «Montre-moi l'argent.»

Je supposai que cette phrase se référait à la pièce non encore identifiée que mon frère voulait lui donner.

« Tex, dis-je quand elle répondit au téléphone, Billy veut que je te dise : "Montre-moi l'argent." Est-ce que cela a un sens pour toi ? »

Elle resta silencieuse quelques secondes, puis rit.

« J'ai emmené mes chiens se promener au bord de l'océan ce matin. Je pensais à Billy. » Elle fit une pause. « En fait, je lui ai parlé. Je garderai ce qu'il m'a dit entre lui et moi, mais je lui ai demandé un signe. Je ne voulais même pas t'en parler. »

J'attendais pendant que Tex tirait une bouffée de sa cigarette.

« Je suis rentrée chez moi, j'ai pris une douche, puis, bon, c'est étrange… »

« Oui ? »

« Eh bien, je pensais à mon roman en dansant devant le miroir avec une serviette, répétant sans cesse : "Montre-moi l'argent. Montre-moi l'argent." »

Ce fut à mon tour de garder le silence. Tex riait, mais je me sentais plus confuse qu'amusée. Ce n'était pas simplement le fait d'entendre la voix de Billy, ce qui en soi était déjà assez surprenant. Les conversations de Billy avec moi étaient une chose mais, maintenant, Billy amenait d'autres personnes dans son monde – Tex et J. B., et ma classe d'écriture. Pourquoi ?

CHAPITRE 7

La mission de sauvetage

Quand Billy me réveilla quelques jours plus tard, il parlait si vite que j'eus du mal à suivre. «Attends un peu, dis-je tout haut, en écartant le carnet rouge. J'ai besoin de mon ordinateur. Je ne peux pas écrire si vite.»

Mon ordinateur était installé sur un bureau face à une grande baie vitrée coulissante, à travers laquelle je pouvais voir le sommet des arbres et un grand coin de ciel. Maintenant que j'étais assise dans un endroit empli de lumière naturelle, la voix de Billy laissait une sensation encore plus magique. Je pouvais voir le ciel à travers les branches nues ; sa voix venait de cette direction, et je savourais la manière dont Billy rendait le monde lumineux.

Bonjour, ma chérie. Comblons un peu la tranche d'histoire qui nous a amenés ici tous les deux. Tout ce que j'ai à faire est de zoomer vers cette partie de l'hologramme. Ne t'inquiète pas. Je sais que la mission de sauvetage a été un cauchemar, mais je la rendrai divertissante.

Tout d'abord, j'ai disparu – quoi, il y a environ cinq ans ? Je me suis rendu dans l'île de Margarita, le joyau de la couronne du Venezuela, pour faire fortune en gérant une campagne de paris sportifs. Bill Cohen devint Billy Fingers, un nom que j'ai choisi pour commémorer l'amputation accidentelle de l'extrémité d'un de mes doigts quand je travaillais dans une usine d'alliances nuptiales à l'âge de seize ans. T'en souviens-tu ? Cet accident qui m'a donné pour la première fois l'envie de soulager la douleur du monde.

Il y a cinq ans, Bill Cohen fut las de servir de mascotte ex-droguée, chauffeur de taxi de l'entourage des amis riches de la femme de son styliste. Sans trop réfléchir, il fit ses adieux à sa belle épouse et à leur coopérative de millions de dollars dans le quartier Upper East Side de Manhattan, et partit pour le Venezuela pour devenir Billy Fingers. Je me suis enfui de chez moi, tout comme je m'étais enfui, enfant, de chez maman.

Bien que dans mon enfance, maman ait toujours été celle qui me sortait des ennuis, notre relation a été difficile dès le jour de ma naissance. C'est le problème avec les êtres humains. Il n'y a pas qu'un côté de la médaille.

En fait, tout avait déjà commencé avant ma naissance entre ma mère et moi. Peu de temps après être tombée enceinte de moi, elle commença à souffrir d'hémorragies. Elle saignait tant qu'elle se mit à penser que j'essayais de la tuer de l'intérieur. Elle développa alors l'attitude de « tue le bébé avant que ce soit lui qui ne te tue ».

Les médecins lui conseillèrent de rester au lit – repos total – et lui prescrivirent des injections pour la calmer. À cette époque, ils ne savaient pas que ce n'était pas conseillé de donner de la morphine à une femme enceinte. La morphine peut inciter le fœtus à développer une dépendance. Tu peux donc dire que j'étais déjà défoncé dans la matrice.

Quoi qu'il en soit, je m'enfuis vers les rivages tropicaux de Margarita, avec mon projet de devenir riche très rapidement. Mais les choses n'ont pas tourné de la manière que j'avais envisagée.

Maintenant que je suis mort, je peux voir tout le drame qui a mené à la mission de sauvetage. Je t'ai vue sur la plage près de ta maison en cette journée de juin, trois jours après ma disparition. Tu étais assise sur une couverture, regardais l'océan et te demandais ce que j'étais devenu. Tu pensais aussi : « Il vaut sans doute mieux que je ne le sache pas. »

Puis tu as fermé les yeux et as fait une sorte de rêve. Tu as rêvé que je marchais à l'horizon, avec lenteur et fatigue. Mon esprit s'élevait, grand et magnifique, pour sortir de mon vieux corps délabré. Tu tenais un projecteur dans la main et tu as envoyé un faisceau de lumière pour me soutenir. C'était ce genre de rêve qui semble bien réel. Maintenant que je suis mort, je peux voir tout cela.

À propos, après la mort, quand tu regardes ton hologramme, tu arrives à tout voir – qui t'a aimé, qui t'a détesté, ce qu'ils ont fait pour toi, et ce qu'ils t'ont fait quand tu avais le dos tourné. Comme je l'ai dit plus haut, tu passes beaucoup de temps à observer ce que tu as fait sur terre ; aussi, fais en sorte de le rendre intéressant.

Et voici un autre secret pour toi, ma sœur. Il n'existe aucune direction correcte à suivre pour l'évolution des événements.

Certains finissent mieux, d'autres moins bien, mais ce n'est pas le pourcentage de bonheur qui importe. C'est la musique qui en sort. La vie de la plupart des gens ne contient pas assez de musique. J'ai eu de la chance ; ma vie a été un opéra rock.

Après ton rêve, dans lequel tu envoyais un faisceau de lumière à travers l'océan vers ton frère malade, vieux et défoncé, qu'ai-je fait ? J'ai appelé maman le lendemain. Bien que j'aie été absent des années, maman, protectrice inimitable, me dit de ne plus jamais l'appeler et raccrocha. Elle en avait assez fait pour moi. Je retrouvais les sensations des bons vieux jours.

Maintenant que je suis mort, je sais que maman t'a appelée, hystérique et pleine de remords, pour confesser combien elle avait été misérable avec moi au téléphone. Je lui ai causé beaucoup de peines dans sa vie, c'est certain. Désespéré, je la rappelai la semaine suivante et elle me donna ton numéro de téléphone.

Grâce à Dieu, ma petite sœur voudrait encore me parler. Elle le désirait, même. Cette petite brunette intelligente et jolie dans son tutu rose, qui chantait et dansait et qui obtenait tous les A, pendant que son frère, Billy le Kid, mettait le feu à la cafétéria de l'école.

Tu fus si heureuse d'entendre ma voix au téléphone après toutes ces années, même si j'étais défoncé, pleurais et endurais de terribles démangeaisons. J'étais déjà en enfer, et l'escale suivante allait me faire descendre encore plus bas. Si je ne quittais pas l'île de Margarita très vite, j'allais finir en prison ou dans un asile de fous, un lieu d'où je ne sortirais jamais.

Tu m'as viré de l'argent pour acheter un billet d'avion, mais je l'ai dépensé pour autre chose.

Je voulais vraiment m'en sortir, mais je n'avais pas les moyens d'agir comme une personne normale et de monter dans un avion. Tout le monde te disait que je suivais simplement mes envies du moment, mais tu suspectais qu'il se passait quelque chose de plus sérieux.

Que Billy se mette à parler de la mission de sauvetage ne m'enchantait guère. Peut-être pouvait-il zoomer sur elle à partir de sa nouvelle perspective éveillée de l'au-delà, mais le souvenir était encore très douloureux pour moi.

Tandis que Billy se délabrait à Margarita, j'étais allongée sur le lit, dans l'état de malaise qu'il provoquait toujours chez moi. J'avais du mal à me focaliser sur autre chose que l'attente de l'appel suivant, qui venait tous les deux ou trois jours, parfois chaque jour. Chaque fois, son état avait empiré par rapport à la fois précédente.

« Annie. Je meurs. Ça me démange à mourir. J'ai des crises d'anxiété. Tu dois me sortir de là. »

« Comment le pourrais-je si tu ne me dis pas où tu es, Billy ? »

« Je ne sais pas où je suis. Tout ce que je sais, c'est que ça me démange. Ne me laisse pas mourir ici de cette manière ! »

Je recherchai l'avis de différents conseillers : un psychothérapeute, un conseiller en narcotiques, des membres des Alcooliques anonymes. L'avis général fut que Billy me manipulait pour obtenir de l'argent et se procurer de la drogue. Il pouvait rentrer chez lui s'il le voulait.

Puis une nuit, je rêvai que mon père descendait du ciel et creusait un trou en forme de tombe.

Il jeta sa pelle sur le sol, se tourna vers moi et secoua la tête comme s'il était inquiet. Son visage reflétait le chagrin et la tristesse, me prévenant que quelque chose de vraiment lugubre se préparait, quelque chose de pire que la mort. En me réveillant trempée de sueur, je sus que c'était la tombe de Billy qu'il creusait et que je devais le sortir au plus vite de Margarita.

CHAPITRE 8

D'abord les plaisirs, puis la putréfaction

Repenser à la mission de sauvetage avait réveillé mes angoisses. Cette nuit-là, je ne cessai de faire des rêves insensés, pareils à ceux que je faisais quand Billy était bloqué à Margarita.

Au matin, je me rendis à Starbucks pour prendre un double expresso. Le soleil brillait et l'air accueillant sentait le printemps. Alors que je revenais chez moi en voiture, une portion de ciel sembla s'éclairer d'une teinte bleue plus lumineuse. Puis j'entendis la voix de Billy en descendre et traverser directement mon pare-brise.

Appelle Tex et dis-lui que j'ai dit de boire du thé vert.

C'était la première fois que Billy me parlait hors de la maison. J'aurais pu prendre peur si un faisceau de lumière n'était pas descendu sur moi de cette portion de ciel brillant en provoquant un effet intoxicant familier.

Appelle Tex maintenant. Bois du thé vert.

J'appelai Tex sur son portable.

« Billy vient juste de me transmettre un autre message pour toi : "Bois du thé vert." »

Je pus entendre Tex haleter.

« Je sors de chez l'acupuncteur. Il m'a dit que j'étais intoxiquée et que je devais cesser de boire du café. Tu me connais, moi et mon café. À la minute même, je pensais : "Comment, par tous les diables, vais-je pouvoir faire cela ?" »

Après avoir raccroché, j'eus une révélation. Les messages cryptés de Billy – « Il n'y a pas d'ensoleillement sans soleil », « Montre-moi l'argent », et maintenant, « Bois du thé vert » – étaient les « preuves » qu'il s'était engagé à donner. Ces incidents inexplicables étaient sa façon de me prouver qu'il était réel.

Arrivée à la maison, je m'installai directement à mon ordinateur et levai les yeux sur les portes vitrées donnant sur le ciel.

« D'accord, Billy. J'ai compris. Tu es réel. Mais peux-tu me dire comment tu as fait pour faire apparaître ces preuves ? »

Comme toujours, je n'avais aucun contrôle sur ce que disait Billy.

Hello, ma sœur. Pour tout te dire, s'il n'y avait pas eu ces démangeaisons, je ne t'aurais jamais appelée de Margarita. Je m'y sentais trop bien, du moins jusqu'à ce jour.

À cette époque, je gagnais de l'argent, j'en amassais même. Dans l'une des enclaves les plus redoutables de l'île de Margarita, Bill Cohen, un Juif de Brooklyn, avait trouvé des types pour payer leurs dettes de jeu. Difficile à croire, hein ?

Nous sommes censés nous engager dans toutes sortes de choses sur terre – des choses qui n'ont aucun sens dans notre perspective humaine. Aussi, attends un peu avant de juger trop durement tes semblables. Un grand nombre de gens m'ont jugé ; pourtant, je traitais avec les circonstances pour lesquelles j'avais signé avant de naître.

Je vivais avec l'adorable jeune Elena. Elena devait avoir dans les vingt ans, et j'avais – quoi ? Presque trois fois son âge. La douce Elena m'avait pris sous sa petite aile fragile.

Je n'ai jamais vraiment aimé boire autant mais, à cette période, je n'avais pas d'argent pour la drogue. Je me laissais aller à boire autant que je voulais, jusqu'à ce que le blanc de mes yeux devienne jaune et que mes dents pourrissent. Je ne me souciais plus ni des conventions, ni de l'avenir, ni des conséquences.

D'abord les plaisirs, après la putréfaction : nausées, crises d'anxiété, chute de cheveux par poignées. Puis la cerise sur le gâteau : les démangeaisons. À mon insu, les parasites de la gale creusaient sous ma peau. J'étais si anesthésié par tout ce que je buvais qu'il me fallut un bout de temps avant de ressentir les démangeaisons ; les parasites avaient déjà pénétré si profondément que le médecin n'avait pu les identifier. Ils passaient de zone en zone, en exécutant leur propre petite danse particulière.

De toute ma vie, je n'avais jamais ressenti quelque chose d'aussi horrible que ces parasites. Étaient-ce des parasites de Dieu ou des parasites du Démon ? De bons parasites ou de mauvais? Est-ce que c'est exactement pareil? Je ne peux le dire, mais ce qui est sûr, c'est que ce sont ces démangeaisons qui m'ont poussé à appeler à la maison, et je sais maintenant que si j'étais resté à Margarita, le monde interlope avait un traitement très spécial en réserve pour moi, des bonbons d'une conception très personnelle que je n'avais encore jamais vue. Je m'en suis tiré à bon compte la plupart du temps dans ma vie. Vues de l'extérieur, les choses n'avaient pas toujours l'air de bien se passer pour moi, mais de ma perspective, elles représentaient des aventures intéressantes. Comme je l'ai dit, j'avais signé pour cela.

Ce que je traversais au Venezuela était une tout autre histoire. Les ténèbres m'avaient pris au piège.

Ce sont ton amour et ta détermination qui m'ont arraché à mon sort. Tu as été mon héroïne. Beaucoup de gens avaient des opinions arrêtées sur tes tentatives pour me sauver la vie. Ils ont essayé de t'attribuer différents rôles qui n'étaient pas particulièrement flatteurs – la victime pitoyable, l'esclave et, mon préféré, l'idiote – pour tenter de sauver un drogué comme moi. J'aurais bien voulu pouvoir te le dire alors, mais je te le dis maintenant. Pour moi, tu étais purement et simplement la grâce de Dieu.

Voici un autre secret pour toi, mon chou – un avis fraternel de plus, venu directement de l'autre côté. Ne te préoccupe pas trop de l'apparence que tu donnes aux autres. Les gens te verront plus ou moins comme ils le veulent. Joue ta part dans la scène cosmique, mais n'oublie jamais, bébé, que c'est toi qui choisis la façon dont on te considère. Ne laisse pas les autres faire le casting.

Quand Billy était à Margarita, l'image des drogués et des personnes recherchées contre rançon dans le pays de la drogue d'Amérique du Sud avait rendu mon départ pour trouver mon frère tout simplement impensable. Après deux mois pendant lesquels j'avais essayé de convaincre Billy de prendre l'avion et de quitter l'île de Margarita, et désespérée de ne pas arriver à me sentir mieux, je partis voir Olga, la manucure colombienne, pour me faire peindre les ongles des pieds en rouge.

« Qu'est-ce qui ne va pas, demanda-t-elle ? Tu as une mine de déterrée. »

Je laissai échapper toute l'histoire. C'est une dure, Olga. Elle réfléchit quelques minutes, puis dit : « Je connais un type – un type vraiment puissant. Il peut trouver ton frère. Contre une rançon. »

Je la regardai fixement. Une sorte de *kidnapping*. Fantastique ! Pourquoi n'y avais-je pas pensé ?

Le Colombien réclamait dix mille dollars pour retrouver Billy et le ramener. Maintenant que l'idée avait mûri dans mon esprit, j'envisageai une meilleure solution. Je pourrais envoyer mon cher ami et partenaire de méditation, Guru Guy, le Juif du Bronx, qui était le roi du voyage en Amérique du Sud.

« Je t'envoie quelqu'un pour venir te chercher, Billy. »

« Non ! Vraiment ? Je n'en crois pas mes oreilles. Oh mon Dieu, dépêche-toi, je suis en train de mourir. Ce n'est pas une façon de mourir. Se gratter jusqu'à la mort. »

« Dis-moi où tu es et il viendra te chercher. »

« Je ne peux pas, Annie. Je ne peux pas. »

« Pourquoi? Tu me rends folle. Je ne peux plus le supporter. »

« Je ne peux pas revenir à la maison, Annie, je suis affreux. Mes cheveux tombent. Je suis tout boursouflé, ma peau part en lambeaux, comme papa quand il se mourait du cancer. »

Je comprenais maintenant. Billy avait toujours été élégant. Il avait gardé son orgueil.

Finalement, les démangeaisons l'emportèrent sur la vanité de Billy. Le plan était que Guru Guy prenne l'avion jusqu'à Margarita. Billy se rendrait d'une manière ou d'une autre à l'aéroport, ils reprendraient le même avion pour revenir à Miami, où je les rejoindrais. Si Billy ne se présentait pas, Guru Guy commencerait la recherche.

CHAPITRE 9

La poussière de Billy

Maintenant qu'il commençait à faire plus chaud, je me dis qu'il fallait faire quelque chose avec les restes de Billy. Ses cendres reposaient dans une boîte de bois de rose près de ma cheminée depuis bientôt trois mois.

Quand Billy était vivant, il disait toujours qu'il voulait être incinéré et jeté à la mer. J'eus soudain l'envie d'apporter ses cendres jusqu'à la baie de l'autre côté de la rue, afin qu'elles restent près de moi.

Je revêtis des vêtements blancs comme les Orientaux le font lors des rituels funéraires. Après avoir versé les restes de Billy dans une pochette brodée de soie rouge, je fis passer entre mes doigts les cendres grises tachetées et légères : la poussière de Billy. Elles contenaient de petites billes blanches et dures, probablement des os, et une grande pièce de métal qui ressemblait à un morceau de bridge dentaire. J'enfilai une veste et me rendis près de la baie. Le ciel était d'un bleu intense, dénué de tout nuage, et le vent soufflait dans la bonne direction, vers la mer.

Au moment où je mettais la main dans les cendres, un fragment de ciel se mit à miroiter, et j'entendis la voix de Billy.

C'est trop froid pour moi, mon chou.

« Quoi ? » demandai-je.

C'est trop froid. L'eau est trop froide.

Je restai plantée là sans savoir quoi faire. « Tu sais, tu aurais pu me le dire avant que je vienne ici. »

Tu sais quoi ? Disperses-en un peu et tu sentiras que je suis ici.

Alors que je lançais une poignée de ses cendres dans la mer, Billy dit :

Le monde est ton huître
Le monde est ton huître
Tu es la perle
Et l'huître.

Je n'avais aucune idée de ce que cela voulait dire, mais ces mots me donnèrent l'impression d'être lumineuse. En revenant à la maison, sentant encore Billy dans les environs, je m'assis à mon ordinateur.

Merci d'avoir dispersé quelques-unes de mes cendres dans la baie ce matin. Je me sens mieux. Vraiment, parce que tu y as mis tant d'amour.

Quand j'étais vivant, je répétais toujours que ma vie avait pris fin le jour où tu es née, et maintenant je le regrette. C'est juste que j'étais toujours le mauvais garçon et toi, la bonne fille. Et papa t'aimait tant! C'était une chose que maman t'aime plus que moi, mais en plus papa! Le drame de la vie commence par la famille; c'est l'élément de base et il a une grande portée. Le fait de t'envier fut un facteur déterminant dans ce drame.

Sur terre, les problèmes du genre «qui-est-meilleur-que-qui» surgissent très souvent, ce qui provoque beaucoup de souffrances. C'est un jeu inventé par les forces de Maya, ou illusion, pour rendre les gens malheureux. C'est l'un des objectifs de l'illusion: la misère humaine.

Mais tel que je le conçois, de ce côté où je me trouve, chaque âme est unique et merveilleuse, chacune à sa façon. Certaines sont simplement plus avancées que d'autres sur le chemin du développement, et c'est très bien ainsi.

Maintenant que je suis mort, je sais que ce n'était pas drôle d'être la bonne fille, toujours obligée de décanter les conflits familiaux – et des conflits, il y en avait, assurément. Et j'étais celui qui attirait toute l'attention, n'est-ce pas? Tout tournait autour de moi. Quelle révélation ce fut!

Mais tu m'as toujours aimé malgré tout, pas vrai? Tu as fait tes premiers pas vers moi, tu as écrit quelques chansons pour moi, tu as pris soin de moi et as veillé sur moi comme si j'étais ton James Dean personnel. Et qu'ai-je fait? Je t'ai simplement ignorée. Bon, c'est fini maintenant. Je rattrape le temps perdu.

La bénédiction que je t'apporte aujourd'hui ? C'est bien davantage qu'une récompense pour ce que tu as fait pour moi. C'est un présent de l'esprit. L'incorporer à ta vie est le résultat de ce moment et de tout ce qu'il contient.

Je peux te voir en ce moment, assise à ton ordinateur, et pleurer. Tu pleures à cause de la manière dont tout s'est terminé entre nous. J'ai lutté contre mon addiction pendant les deux années qui ont suivi la mission de sauvetage, puis je suis mort. Tu m'as sauvé, mais tu ne pouvais pas vraiment me sauver. C'était écrit. Ces derniers mois avant ma mort, tu m'as dit de m'éloigner de toi et de te laisser tranquille. Je me noyais et je t'entraînais avec moi, Annie.

Je ne me soucie plus des souvenirs maintenant, mais quand je te vois assise là, en train de pleurer, je veux que tu saches qu'il y a des souvenirs bien plus marquants que les bagarres que nous avions tous les deux à la fin, ici-bas, sur cette planète très temporaire. Des souvenirs, comme celui de monter dans l'avion de Margarita avec mon nouveau copain, Guru Guy, atterrir dans une chambre de motel à Miami, puis me réveiller de mon sommeil intoxiqué et te voir debout au-dessus de moi, telle une Madone. J'étais parti depuis si longtemps et j'étais si heureux de voir ma petite sœur prendre soin de moi, me sauver, me préparer pour m'amener à l'hôpital, faire tout ce qu'il fallait pour m'empêcher de mourir en enfer.

Et maintenant, tu pleures à côté de ton ordinateur, te demandant si je t'ai pardonné.

Peut-être que la vraie question à te poser serait : Me pardonnes-tu ?

Et en fait, ma chérie, il n'y a personne à pardonner, parce que nous avons signé pour accomplir cette danse ensemble, avant notre naissance. Nous n'agissions pas sous l'effet d'un quelconque « je-t'ai-fait-quelque-chose-de-mal-dans-une-autre-vie-et-j'expie-maintenant ». Cela ne fonctionne pas vraiment ainsi. Ce concept karmique de « œil pour œil, dent pour dent », permettant d'égaliser les scores, n'est pas la vraie question, du moins là où je suis.

C'est davantage une sorte d'expérience choisie pour des raisons appartenant à l'âme, que les humains ne peuvent pratiquement pas comprendre. Et ne pas comprendre fait partie intégrante de l'expérience. Si les gens connaissaient le fonctionnement de l'expérience, elle perdrait un peu de son allant, et cette perte de l'allant, en fait, c'est un peu de cela qu'il est question dans l'éveil.

CHAPITRE 10

Vincent

Après sa bénédiction de la perle dans l'huître, je voulus rendre à Billy un hommage particulier. Le lendemain, je décidai de disperser ses restes dans les montagnes des Catskills, au nord de l'État de New York, un endroit qu'il avait toujours aimé. L'année précédant sa mort, il avait promis de m'emmener faire un tour là-bas pour admirer les feuilles d'automne.

Je plaçai la pochette de soie rouge qui contenait ses cendres dans mon nécessaire de voyage, conduisis cinq heures d'affilée, et m'arrêtai dans un petit hôtel-Spa où j'avais déjà séjourné. C'était un terrible endroit qui se réduisait au strict minimum, mais les pins et la forêt aux alentours étaient spectaculaires. Je pris un déjeuner, m'habillai de nouveau en blanc, mis la pochette de soie dans un sac à dos et escaladai la grande colline.

Quand j'atteignis le sommet, un gros mâle aux immenses ramures me fixait de la lisière des arbres, comme un gardien mythologique de la forêt. Un peu effrayée, je m'approchai doucement de lui et m'arrêtai à environ sept mètres de distance.

« Puis-je disperser les cendres de Billy dans ta forêt ? »

Comme il se sauva dans les bois sans m'attaquer, je pris cela pour un oui. À l'endroit où il se tenait, j'ouvris la pochette de soie rouge. J'entendis alors :

C'est trop isolé ici. Il ne fait pas froid actuellement, mais l'hiver, c'est glacial.

« Je viens de conduire une demi-journée, Billy. Pourquoi ne m'as-tu pas arrêtée ? »

Billy ne répondit pas, mais je sentais son esprit tout autour de moi, comme un brouillard lumineux, éclairant les collines. Je revins à l'hôtel, les cendres toujours dans mon sac à dos. Le bâtiment minable ressemblait à un cottage enchanteur, et les visages des gens étaient étincelants et merveilleux. Je décidai de rester jusqu'au déjeuner du lendemain et programmai un massage matinal avec un homme nommé Vincent.

Avant que Billy ne s'échappe dans l'île de Margarita, il était masseur, l'une de ses meilleures fonctions. Je n'ai jamais rencontré quelqu'un avec des mains aussi sensibles que les siennes. C'est une autre raison pour laquelle il aime le nom de Billy Fingers.

Quand je me réveillai au lever du jour dans mon lit faiblement éclairé, mon frère attendait.

Merci de m'honorer en ayant apporté mes cendres dans ces montagnes sacrées. Le miracle de la création est ici, dans ce lieu, partout : les arbres, les cieux, le soleil, l'amitié, la bonté, l'amour. Peut-être pourrais-je te donner un petit signe aujourd'hui, un petit miracle, une belle petite chose qui te reliera à la source de toutes les beautés et de tous les miracles.

Vincent s'avéra un garçon d'une vingtaine d'années, gros et rond, des cheveux blonds plaqués en arrière et des mains phénoménales. Je ne sais pas si c'était à cause de la similarité de leur toucher, mais tandis que Vincent me massait le dos avec de l'huile tiède, je lui parlai de Billy. Je me souciais peu que Vincent me prenne pour une cinglée. Je ne le reverrais pas. À la fin du massage, je me couvris avec le drap, m'assis et vis que Vincent pleurait.

« Ma sœur est morte il y a quelques mois. Elle est tombée malade et est morte soudainement, comme ça. Elle n'avait pas vingt ans. Merci beaucoup d'avoir partagé votre histoire sur Billy. Je pense que vous êtes, que vous représentez une sorte de signe de la part de ma sœur. »

J'étais stupéfaite. C'était la première fois que je parlais de Billy à un complet étranger, et il ne pensait pas que j'étais folle. Il pensait que j'étais un messager.

« Oui, confirmais-je en me rappelant le message de Billy de ce matin. Ce doit être un signe. »

Comme je revenais du Spa dans ma petite chambre moisie, les bois et le ciel bourdonnaient de l'effet Billy. Billy avait certainement quelque chose à voir avec ma rencontre avec Vincent. En était-il de même pour la sœur de Vincent ?

Alors que je mangeais un bol de soupe au poulet-petits pois dans le restaurant avant de retourner chez moi, Vincent vint à ma table. Il me tendit un petit panier d'osier rouge contenant trois cristaux. Il m'expliqua que le quartz clair était pour l'esprit, le rose pour le cœur et la citrine d'un rouge foncé rare pour le sang, comme chez le frère et la sœur.

CHAPITRE 11

D'autres preuves

De retour de mon voyage aux Catskills, je parlai de Vincent à mon groupe d'écriture. Quand j'admis que partager mon expérience de Billy avec un étranger avait été plus un cadeau qu'une torture, Tex me sortit son habituel: «Tu vois, je te l'avais bien dit.»

Le matin suivant était brumeux. Tandis que les averses de la fin avril rendaient le sol odorant et vert, Billy surgit. Il avait une voix paresseuse, et ses mots sortaient lentement.

Dis… à Steve… de ne pas… nous… soumettre… à… la tentation.

Je composai le numéro du bureau de Steve pour lui délivrer le message.

« Billy vient juste de me donner un message pour toi : “Ne nous soumets pas à la tentation.” Qu'est-ce que cela signifie ? »

« Cela n'a aucun sens », dit-il. Il avait une voix crispée. « Écoute, j'ai une réunion et je suis en retard. On en reparlera plus tard. »

J'étais surprise. C'était la première fois que mon frère avait raté la cible.

Quelques heures plus tard, Steve rappela.

« Au milieu de ma réunion, l'un de mes partenaires a raconté une histoire, et la chute était... ne nous soumets pas à la tentation. Il l'a répété deux fois. J'en suis presque tombé de ma chaise. Je suppose que tous les doutes que j'avais à propos de ton frère ont disparu. »

Quand Steve raccrocha, Billy me donna un autre indice.

Tex... remède de... fleur... de Bach... clematis.

Les remèdes de fleurs de Bach sont une sorte de traitement homéopathique pour les problèmes émotionnels. Je téléphonai immédiatement à Tex.

« As-tu déjà entendu parler des remèdes de fleurs de Bach ? »

Elle rit. « Ouais. »

« Qu'est-ce qu'il y a de si drôle ? » demandai-je.

« Je te le dirai après. Continue. »

« Eh bien, Billy veut que tu prennes celui appelé clematis. »

« Hier justement, ma sœur m'a dit que je devrais prendre un remède de fleur de Bach. Je n'en avais jamais entendu parler auparavant. Et maintenant Billy m'en prescrit un? C'est incroyable! »

Tex et moi recherchâmes le mot « clematis » sur Internet. Il s'adressait aux gens qui préfèrent vivre dans un monde de rêve plutôt que dans la réalité. Cela cadrait bien avec Tex.

« Billy veut me faire savoir qu'il me regarde, dit Tex. Et qu'il veille sur moi. »

Vingt minutes plus tard, Billy me donna une autre prescription.

Lola... remède... Bach... verveine.

Lola était la petite amie de Guru Guy. Tous deux avaient suivi l'histoire de Billy, et j'appelai donc immédiatement Guru Guy pour lui délivrer le message. Il me rappela quelques minutes plus tard.

« Je viens de donner le message de Billy à Lola et devine quoi? Elle était dans un magasin de diététique en train de regarder les remèdes de Bach quand j'ai appelé. Devine encore quoi? Elle tenait un flacon de verveine dans la main. »

Ces preuves, toutes venues le même jour, me donnèrent l'impression d'être dans un monde magique – une réalité invisible que Billy rendait réelle pour moi. J'enfilai un ciré jaune et pris la voiture jusqu'au bout du village. Je m'assis sur un banc de bois patiné par le temps, face à la mer.

Nous étions en juillet quand j'avais vu Billy pour la dernière fois. Nous étions assis sur ce même banc, buvant du café et dégustant des beignets. Guru Guy l'avait sauvé du Venezuela l'été précédent et Billy était venu de Floride pour me voir. Quand nous étions entrés dans une boutique de beignets, il avait commandé pour moi. J'avais été surprise qu'il se souvienne que je préférais la glace à la vanille à celle au chocolat. J'avais beaucoup apprécié d'être à côté de mon grand frère, à regarder les vagues déferler. Maintenant, cependant, assise seule sous la pluie, je sentais sa présence tout autour de moi.

DEUXIÈME PARTIE

MÊME L'ÂME CHANGE

CHAPITRE 12

Devenir l'Univers

Billy resta silencieux pendant un certain temps, bien que parfois, je puisse le sentir autour de moi pendant mes activités quotidiennes. Le mois de juin allait commencer quand il revint me rendre visite, mais il me donna l'impression d'être très différent. Sa voix était lente, hypnotique, semblant sortir d'un rêve et venir de loin, de très loin.

Je sais que ma voix paraît étrange aujourd'hui – lointaine et comme enivrée. Ne t'affole pas, mon petit. Je ne suis pas défoncé [rires]. *Je suis simplement plus éloigné qu'avant. Je suis seul, mais c'est une solitude agréable, pas comme celle que je ressentais les dernières années de ma vie.*

Après la mort, tu passes beaucoup de temps, en solo, à t'étudier en tant qu'Univers. Le crois-tu ? Tu es l'Univers. Mais la société t'enseigne autre chose. La société t'apprend la limitation. Crois-moi, Annie, tout ce dont tu as besoin est en toi. Et tout ce que tu es vraiment va bien au-delà de ta compréhension. C'est la raison pour laquelle vivre coincé dans l'expérience humaine peut être parfois douloureux. Ça l'a été pour moi.

Cela étant, cela fait maintenant combien... environ quatre mois que j'ai été heurté par le service de livraison de Dieu?

Je pensais que je ne me lasserais jamais d'observer mon hologramme. Mais après un certain temps, il m'apparut clairement que toutes les routes me menaient finalement au même endroit: le moment présent, flottant là, dans l'espace, ce qui est bien plus fascinant que de me retourner sur le passé que j'ai laissé derrière moi. Mon hologramme doit posséder certains mécanismes de destruction intégrés, parce qu'au fur et à mesure que l'intérêt que j'y prête diminue, les images s'estompent dans le néant.

Alors que la dernière image s'évaporait, surgi de nulle part, ce rayon de lumière blanche bleutée extrêmement lumineux entra en scène. Le faisceau de lumière faisait environ dix fois ma taille (je n'ai pas vraiment de taille, mais tu sais ce que je veux dire), et me faisait penser à un personnage en forme de bâton, ondulant comme les ondes d'un courant électrique. De son corps sortait un groupe de branches fluorescentes qui ressemblaient à des bras tendus dans ma direction. La lumière semblait amicale, heureuse de me voir. Je ressentais également de bonnes dispositions envers elle, mais étant donné que je n'avais aucune idée du protocole à suivre, je ne dis ni ne fis rien; je pensais que ce n'était pas mon rôle.

Tu te demandes probablement pourquoi je ressentais de la sympathie pour ce personnage géant aux tentacules lumineux, *mais la bienveillance qui émanait de lui ne laissait aucune place à la peur. Je suis certain que c'était l'un de ces Êtres supérieurs qui musaient dans le coin. Peut-être ne suis-je prêt à le rencontrer que sous cette forme. Ou peut-être est-ce vraiment sa forme. Je ne peux rien affirmer.*

Ce que je peux dire par contre, c'est que les Êtres supérieurs semblent être des attributs particuliers de la Présence divine. Cette Présence – la lumière infinie qui emplit tout l'Univers – a une personnalité qui contient toutes les qualités que l'on peut imaginer. La sagesse parfaite ? Oui. La compassion sensible ? Bien sûr. L'amour universel ? Définitivement. Quelle que soit la qualité sous-jacente à la bienveillance, cette vertu est là, dans la lumière. C'est différent avec ces Êtres supérieurs. Ils sont plus particuliers, plus personnels, comme si la Présence divine se concentrait à travers un prisme. Et les rayons colorés qui sortent du prisme – ce sont les Êtres supérieurs.

Quoi qu'il en soit, alors que l'Être à l'apparence d'un éclair s'approchait de moi, il irradiait une sorte d'énergie électrique par ses bras phosphorescents. Je compare cela à de l'électricité, non pas parce que c'était douloureux de quelque manière que ce soit, mais parce que cela provoquait une secousse en moi. La bonté et la compréhension des Êtres supérieurs viennent maintenant de moi. Je m'aime comme jamais auparavant, bien plus qu'au début de mon arrivée dans l'au-delà. Je suppose que cela signifie que même l'âme peut changer.

S'il est une chose qui vaille la peine d'être faite sur ta planète, c'est de découvrir l'amour de soi. Je dis « découvrir » au lieu d'« apprendre » parce qu'apprendre implique de commencer à zéro. Mais, en vérité, tu t'aimes déjà. Quand tu as pris naissance, quand l'amnésie a débuté, tu as oublié ta magnificence et t'es mise à penser que tu devais mériter le droit d'être aimé. Comment pourrais-tu mériter ce qui t'appartient déjà ?

Ma rencontre avec l'Être de lumière a été le début d'une nouvelle phase de mon voyage, celle dans laquelle je suis maintenant : devenir l'Univers. Cette secousse électrique m'a permis de m'élever, de m'élargir et de me dilater à travers le cosmos. J'ai des étoiles, des lunes et des galaxies à l'intérieur et autour de moi. Il y a une sorte de processus qui se déroule, comme s'il y avait en moi un billard électrique géant d'ondes lumineuses, et la sensation ne cesse de s'intensifier.

En ce qui concerne le fait de devenir l'Univers – je vais tenter d'expliquer, mais les mots ne lui feront pas justice –, plus je lâche prise sur mon soi-disant moi, mieux je me sens. En me fondant de plus en plus dans l'énergie universelle, je pense : « C'est fini, je vais me perdre. » Mais la sensation que j'en retire est si merveilleuse que cela m'est égal ; aussi, je m'abandonne et fusionne. Mais voilà, je suis encore moi-même, mais davantage en état de grâce. C'est pourquoi ma voix semble sortir d'un rêve.

Devenir l'Univers, c'est la façon dont je comprends la nature incompréhensible de l'altérité (ou reconnaissance de l'autre dans sa différence), dont je prends le risque de m'aventurer dans une dimension que tu pourrais appeler la Source. Et je peux dire, de façon inappropriée, qu'au centre de toute chose se trouve une énergie, une matière immatérielle que, par manque d'un mot plus adéquat, j'appellerais amour. Ouah, petite sœur ! Comme j'aime ! Et comme cela fait du bien, cet amour ! Tu ne peux imaginer. Tu ne le peux vraiment pas. Tu n'as aucune possibilité de le faire.

Je suppose qu'ordinairement, celui qui traverse cette expérience n'en parle pas, il ne fait que la ressentir, mais qui sait ? Qui sait pourquoi tu peux m'entendre ? Après ma mort, je pouvais te voir, et voir toute cette souffrance en toi, et j'ai commencé à parler pour que tu te sentes mieux. Ce fut une énorme surprise de constater que tu pouvais m'entendre. Je suis aussi surpris que toi. Et en parlant de surprise, il y en a une qui se prépare.

J'avais beaucoup de mal à entendre Billy. Il parlait comme quelqu'un qui émerge lentement d'une anesthésie ou d'un sommeil profond. Malgré la faiblesse de sa voix, la sensation euphorique que dégageaient ses mots était plus puissante que jamais.

Je pris une couverture et des coussins et je les répartis sur la terrasse qui longeait ma chambre. C'était un matin venteux et la lune était encore visible. Se pourrait-il que ce qui arrive à Billy là-bas puisse m'arriver aussi ici-bas, d'une quelconque manière ?

Je voulais devenir l'Univers, comme mon frère. Alors que j'observais fixement l'immense ciel bleu sans nuages, mon incertitude quant à ce que je voulais de ma vie s'estompa. Peut-être n'était-il pas nécessaire d'être quelqu'un ou quelque chose de particulier ? Peut-être pouvais-je abandonner toutes les manières dont je me définissais ? Peut-être le mieux était-il de laisser les choses être ce qu'elles étaient ?

Ma rêverie fut interrompue par la sonnerie du téléphone. C'était quelqu'un qui, par l'intermédiaire de mon professeur de méditation, me demandait la permission d'utiliser deux de mes chansons pour un programme qui devait être diffusé dans le monde entier. Il y a des années, j'avais envoyé un CD de mes chansons à mon professeur, mais je n'en attendais rien. Quelle surprise ! Billy avait à nouveau raison.

J'étais taraudée de questions. Comment Billy sait-il ce qui va se passer ? Jusqu'où peut-il voir dans l'avenir ? Sait-il tout de ma vie ? Peut-il influencer les événements futurs ? Ou Billy est-il simplement une partie suprapsychique de moi-même ? Les questions semblaient relâcher le poids gravitationnel de la terre qui pesait sur moi. Je me sentais aussi légère que l'air.

CHAPITRE 13

Deux Univers qui passent dans la lumière

Mon humeur maussade était revenue le matin suivant, mais les sautes d'humeur étaient un prix que j'acceptais maintenant de payer. J'étais impatiente d'entendre à nouveau Billy. Les jours passèrent sans qu'il ne donne aucun signe. Était-il parti ? Sa voix était-elle devenue si faible qu'il m'était impossible de l'entendre ?

Dix jours plus tard, à l'aube, je vis une lumière bleue de forme ovale flotter au-dessus de mon lit. Je savais que c'était Billy. En me concentrant sur la lumière, je pus bientôt entendre sa voix qui était devenue encore plus langoureuse qu'auparavant.

M'entends-tu ? Je sais que je donne l'impression de m'éloigner de plus en plus, mais si tu te concentres, tu pourras encore m'entendre. Plus tu essaieras d'écouter, plus tu seras capable d'entendre.

Je me sens très nostalgique. C'est une sensation qui se fait parfois sentir, après la mort, la nostalgie. Par contre, plus de névralgies, plus d'arthralgies, plus de fibromyalgies. Aucune de ces «algies» ne vient te tourmenter au paradis. Ai-je dit paradis? Oui, je suppose.

Je flottais tout seul, prenant plaisir à devenir l'Univers et qu'arriva-t-il? Ma première femme, Ingrid, s'est jointe à moi. Je ne peux exprimer la joie, qui est un mot bien trop faible pour décrire ce que j'expérimentai la première fois que j'aperçus Ingrid sous sa forme d'esprit. La dernière fois que je l'avais vue, nous étions tous deux sur terre et elle était sous morphine, en train de mourir d'un cancer.

Ingrid était elle aussi en train de devenir l'Univers. Ses soleils, ses lunes et ses étoiles étaient alignés dans une constellation qui apparaissait sous la forme d'une femme. Elle effectuait cette danse d'amour très féminine qui faisait onduler ses merveilleuses hanches étoilées, et tournait autour de mon Univers avec le sien. Ingrid a toujours été très séductrice. La voir ainsi réveilla presque immédiatement en moi la tentation de revenir dans un corps. Presque.

Dès que je vis cet Univers dansant, je sus que c'était elle. Je pense que chaque âme à ses propres caractéristiques, et quand tu as été très proche d'une personne, tu reconnais son âme, quelle que soit la forme qu'elle prend.

L'âme d'Ingrid n'était ni âgée ni jeune, juste ce que tu pourrais appeler sans âge. Alors qu'elle se rapprochait, je vis que les étoiles de son Univers reflétaient différentes phases d'elle-même et de son histoire. Tous les âges et toutes les étapes de sa vie y figuraient.

Dans l'une des étoiles, je vis un bébé blond innocent qui creusait le sable sur une plage. Dans une autre, une Ingrid adolescente, à peine vêtue, qui dansait sur une scène de Las Vegas. Mon Dieu, comme elle était belle ! L'une des étoiles la montrait dépendante à la cocaïne et une autre faire un séjour en prison. Je peux voir que c'est là qu'elle a acquis son fond de méchanceté. Puis il y avait mon Ingrid favorite, ma petite femme suédoise voluptueuse, qui me regardait de ses grands yeux verts comme si je représentais tout pour elle. Ingrid, la folle tigresse au tempérament de feu, était également là, dans les étoiles, mais comme tout se mêlait, ce n'était pas si terrible [rires].

Lumineuse au milieu de tous ces différents aspects d'Ingrid se tenait son âme. Et son âme était, sans aucun doute, la chose la plus belle que j'aie jamais vue. Je n'avais jamais soupçonné sa magnificence divine quand nous étions en vie.

Si j'avais pu voir la ravissante beauté de son âme quand j'étais vivant, j'aurais été si submergé que je ne pense pas que j'aurais été en mesure d'agir. Mais ici, je dérive dans l'espace, flottant ici et là, devenant l'Univers. Je n'ai pas vraiment de chose à faire.

Si tu as des choses précises à faire, voir l'âme des gens constituerait un grand obstacle. Si les gens étaient capables de voir l'âme de chacun, le monde entier pourrait être anéanti. Pense à cela. Tu irais dans un magasin acheter quelque chose et tu t'attarderais des heures en t'émerveillant sur l'âme du caissier. Si tu voyais l'âme de ton soi-disant ennemi, tu tomberais probablement amoureuse de lui, et après ? Et si tu regardes l'âme de quelqu'un que tu as vraiment aimé, comme je l'ai fait avec Ingrid, l'intensité de cette expérience peut t'invalider pour le reste de ta vie. Tu peux comprendre pourquoi voir les âmes serait un vrai problème sur terre. Cela deviendrait un grand rassemblement d'amour.

Je suppose qu'étant donné qu'Ingrid et moi sommes tous deux des Univers, nous sommes prêts à regarder notre âme mutuelle. Nous ne désirons rien, n'avons en rien besoin l'un de l'autre, excepté flotter ici et là et jouir de la lumière. C'est tout. Pas de mots, pas d'attachement, pas de demandes, juste deux Univers qui passent dans la lumière.

Sommes-nous l'Univers ? Recherche sur Google.

Billy parlait encore plus lentement que la fois précédente et son discours était inarticulé. Je sentais que communiquer avec moi lui devenait difficile.

Tandis que je cherchais « Sommes-nous l'Univers ? », une vidéo sur YouTube de l'ancien astronome Carl Sagan se présenta. Il y montrait que nous sommes tous faits de « poussières d'étoiles » ; comment, des milliards d'années auparavant, les éléments de nos corps venaient des étoiles, et comment notre désir d'explorer le cosmos est en réalité un besoin irrésistible de revenir à nos origines célestes. Ouah ! C'est exactement ce dont parlait Billy. Et il n'y a pas que Billy qui vienne du cosmos. Nous sommes tous littéralement composés d'étoiles. Devenir l'Univers n'est pas une simple image poétique. C'est enraciné dans une réalité scientifique.

CHAPITRE 14

Je ne sais pas

Au cours des matins qui suivirent, je pouvais apercevoir la lumière bleue de Billy à mon réveil, mais elle disparaissait aussitôt. Elle finit par persister et, en me focalisant dessus, je pus enfin entendre la voix de Billy. Elle était à peine audible et encore plus déformée qu'avant, mais grâce à une concentration intense, je pouvais saisir ses paroles.

Nous n'avons pas parlé depuis un bon moment, n'est-ce pas? Ce n'est pas facile de parler dans mon nouvel état. Il y a tant d'espace entre mes pensées que cela demande un gros effort pour les rassembler, mais je le fais pour toi. Que vaut un don sans un petit effort? Ne t'inquiète pas, mon chou, si ma voix est différente. C'est encore moi... enfin, je le pense... Je plaisante. Peux-tu m'entendre?

Avec tout cet espace entre mes pensées, le passé n'a plus d'ascendant sur moi. Si le passé était différent, crois-tu que ce serait important? Serais-je encore là où je suis actuellement, en train de te parler et de faire la plus grande expérience de ma vie, je veux dire la mort? Je ne sais pas.

Ce qui importe maintenant, c'est que j'ai pris naissance dans cette félicité au-delà du plaisir, au-delà de la joie, au-delà de tout ce que l'on peut imaginer. Mon facteur de félicité actuel est quatre cent millions de fois plus puissant que dans la chambre de guérison dans laquelle je me trouvais, juste après ma mort.

Je dois m'habituer à te parler à partir de cette nouvelle stratosphère. J'essaierai d'accéder à mon état de conscience précédent. Ouah! De cette dimension, les souvenirs sont psychédéliques, stéréophoniques – quel est ce mot que je cherche, qui a un rapport avec les ordinateurs? –, virtuels, virtuellement enrichis. Mais je ne peux m'accrocher à ces souvenirs. Ils vont et viennent, et il n'y a ni atterrissage ni collision. La mort est vraiment extraordinaire.

Je suis seul, et je suis tout. C'est difficile à expliquer quand il n'y a aucune pensée. Il n'y a rien que je puisse désirer ou dont je puisse avoir besoin. Le mot «satisfait» est un terme bien trop faible, du fait qu'il implique la réalisation d'un manque, et que le manque est une notion terrestre. Je sais qu'en ce moment, tu es capable de ressentir une fraction de fraction de ma félicité, quelque chose en toi qui est lumineux et curatif.

Ne l'oublie pas, ma chérie, ne l'oublie pas. Ce que tu accomplis sur terre n'est qu'une petite partie du contrat. S'il existait un secret que je puisse te murmurer, et que tu puisses garder, ce serait que tout est déjà à l'intérieur de toi. Chaque chose dont tu as besoin. La terre n'est qu'une escale. Une sorte de jeu. Fais-en un spectacle stellaire. Si je pouvais te faire un cadeau, ce serait t'enseigner la manière de rester libre au milieu de ce jeu, trouver la splendeur en toi, au-delà des rôles et du drame humain, afin que tu puisses exécuter la danse du jeu de la vie avec un peu plus de rythme, un peu plus d'abandon, un peu plus d'ondulation des hanches.

Billy dictait si lentement qu'il me fallut pratiquement une heure pour retranscrire ses mots. Mais cela ne me dérangeait pas. Rien ne me dérangeait. J'étais prête à faire de ma vie un spectacle stellaire, quel qu'il fût.

Ce soir-là, vers 19 heures, Billy interrompit mon dîner par une invitation inhabituelle.

Rencontrons... nous... près... de... l'océan.

Je mis mon assiette au réfrigérateur, enfilai une grosse veste, jetai une couverture dans ma voiture et partis pour l'océan. L'air était doux, les étoiles scintillantes, et un croissant de lune jaune était suspendu dans le ciel.

« Comment puis-je faire de ma vie un spectacle stellaire ? »

Deviens... l'Univers.

J'étalai ma couverture et m'allongeai sur le sable. Dans l'immensité infinie du ciel au-dessus de moi, les étoiles scintillaient comme des diamants. Très vite, la présence de Billy me souleva haut, très haut, et m'enveloppa, comme si je tombais dans un trou, vers le haut et non vers le bas. Je tombais vers le haut dans la lumière stellaire, de plus en plus vite ; je devenais de plus en plus légère, me dissolvant dans l'espace. Puis, ma peur prit le dessus et me fit revenir dans mon corps allongé sur le sable.

Toutes les choses que je prenais habituellement si au sérieux devinrent soudain insignifiantes – des petits points dans l'immensité de l'Univers. Billy m'enseignait un jeu des étoiles.

CHAPITRE 15

Un nouveau corps

Je voulais en savoir plus sur le jeu des étoiles, mais Billy disparut. Cette fois, je ne le sentis plus du tout autour de moi et la déception fut plus grande que d'habitude.

Nous étions au début du mois de juin. Tex avait un gros problème à gérer et n'avait plus de temps à consacrer au groupe d'écriture qui se démantela. Les gens s'amusaient au bord de l'océan, prenaient plaisir à dîner avec des amis, participaient à des soirées. Je faisais de longues promenades le long de la plage pendant mes pauses, composais de la musique planante sur mon synthétiseur, et regardais des émissions traitant du cosmos sur le câble. Je ne me sentais pas à ma place, très éloignée des choses. Je n'étais pas enracinée dans mon propre monde et n'avais pas accès à celui de Billy.

Billy s'était-il complètement dissous dans l'Univers ? Est-ce ce qui arrive finalement après la mort ? J'étais triste, mais ce n'était pas la même sorte de tristesse que j'avais ressentie en apprenant la mort de Billy. Je l'aimais encore plus maintenant que quand il était en vie. Et je n'avais aucun doute qu'il me rendait cet amour. Le temps que nous devions passer ensemble était-il révolu ?

Un mois après cette nuit près de l'océan, je vis une lumière bleue au-dessus de mon lit. Alors que je la regardais fixement, tout excitée, j'entendis la voix de Billy qui, cette fois, était claire comme du cristal.

Barnabus, Barnabus, salut de Barnabus.

Salut Princesse. Tu vas être surprise. Non seulement nous avons la permission d'écrire ce livre – mais nous le devons.

Je flottais çà et là, devenant l'Univers, quand soudain, je me sentis à nouveau aspiré dans un corps, un corps de lumière. Quand j'étais l'Univers, quand j'étais les étoiles, les lunes et les galaxies, l'idée de ne pas avoir de corps ne m'effleurait pas. Il me semble que je n'ai jamais eu ce besoin qu'ont les autres : penser à ce que je n'ai pas. C'est parce que je suis si présent à ce qui est. Je suis ce qui est !

En guise de chair, mon nouveau corps était composé de lumière concentrée. Je suis toujours moi, tout en étant différent. Devenir l'Univers m'a changé définitivement, m'a préparé à cet événement. Je suis toujours dans l'extase, mais ma conscience est plus claire et plus concentrée qu'avant.

Ainsi, je porte des robes sacrées et ma tête est recouverte de cheveux noirs et ondulés comme quand j'étais jeune. J'ai aussi une moustache. Il n'y a pas de miroir. Je sais simplement de quoi j'ai l'air. Je suis toujours Billy, mais je me sens plus moi-même que quand j'étais en vie. Mes tendances de mauvais garçon semblent s'être transformées en quelque chose d'autre. Quand j'étais en vie, ma soi-disant mauvaise conduite était ma manière de rechercher ma propre vérité ici-bas, sur cette planète même, pleine d'illusions. Ma rébellion m'a été bien utile maintenant que je suis ici. Aujourd'hui, au lieu d'être un gars intelligent, je suis un homme sage.

La sagesse vient de l'intérieur et rayonne dans toutes les directions, tandis que la félicité se déverse de mon cœur. Je n'ai pas vraiment de cœur, mais cela vient de cette zone. J'irradie l'amour ; je palpite avec lui. Il y a tant de haine sur terre, même au nom de Dieu. Quel concept ! La haine au nom de Dieu. C'est pourquoi le Christ a dit qu'il était le protecteur des humbles. Ils ne sont pas si haineux.

Je suis dans un ciel qui est très, très bleu. Cette couleur bleue est ma première expérience de concentration de couleur de ce côté-ci, et cela va bien au-delà de l'imagination humaine. Sur terre, tes sens sont séparés les uns des autres, mais ici, je peux entendre, sentir, goûter et toucher ce bleu.

Avant, quand j'étais l'Univers, j'étais dans un ciel nocturne, et mes souvenirs étaient transparents, comme une peinture à l'eau. Je n'y avais pas pensé jusqu'ici, alors qu'apparaît cette nouvelle notion de couleur. Celle-ci se manifeste à nouveau maintenant, et il y a donc définitivement une sorte de temps qui s'écoule ici. De même que je n'avais pas de corps et que j'en ai un maintenant. Le temps ici n'a rien à voir avec les pendules ou la révolution de la terre. Ici, il s'agit d'un temps relatif à une chose qui a un certain aspect, puis qui change. Les moments sont des océans avec leurs flux et leurs reflux qui t'emportent avec eux. Tu n'attends pas le suivant. Tu es dans celui qui se présente.

Mes nouveaux yeux se lèvent vers quelque chose d'incroyablement lumineux, mais ce n'est sûrement pas le soleil. Le soleil est chétif par rapport à cette boule de lumière géante d'un blanc-bleuté au-dessus de ma tête. Je vais essayer de la décrire convenablement. C'est une sphère géante – si grosse que je ne peux voir où elle commence et où elle finit – avec des rayons qui en surgissent, aussi éclatants qu'elle. C'est la plus belle chose que j'aie jamais vue, mort ou vivant. Cela me donne ce sentiment, non, cette expérience – ici, nous avons davantage des expériences que des sentiments – que tout ce que j'ai toujours espéré était vrai, est vrai, et est encore mieux que je l'avais imaginé.

Je suis donc sous cette sphère d'un blanc-bleuté et un homme lumineux s'avance vers moi en souriant. J'utilise le mot « homme » pour te faire comprendre qu'il n'appartient pas à une autre espèce ou quelque chose comme ça. Qu'il soit un homme ou une femme ne me semble pas vraiment important. Il porte aussi une robe. Je suis surpris par la robe parce qu'elle est marron et semble tissée dans de la toile de jute. C'est la chose la plus terrestre que j'aie vue jusqu'à maintenant, et je suppose donc qu'il a quelque chose à voir avec ce qui se passe ici-bas, là où tu te trouves. Cependant, je me moque éperdument de la robe, parce que l'éclat de son visage est extraordinaire.

Je ne le connais pas, mais il me semble familier. Et, bien que je ne me rappelle pas l'avoir un jour rencontré, je sais qu'il s'appelle Joseph. Ses cheveux sont argentés, et je pense que c'est un ancêtre, bien qu'il ne soit pas vieux. Ses mains se tendent vers moi et il me regarde avec les yeux les plus bleus que j'aie jamais vus. Je sais que tout cela a l'air mièvre et fabriqué de toutes pièces, mais c'est vrai. Tout est lumineux et étrangement familier, comme si on m'accueillait à la maison en revenant d'un long voyage, sauf que le pays vers lequel je suis revenu… eh bien, j'avais oublié combien il est lumineux. Tout ondule d'énergie. C'est une bonne manière de le décrire. Tout est énergie, remplaçant la matière.

Joseph pose un livre dans mes mains. Ce n'est pas vraiment un livre, mais appelons-le ainsi pour le moment. Il n'a fait que le poser dans mes mains, et je peux sentir tout ce qu'il contient. Quel privilège, quel cadeau ! Cadeau est un mot bien trop faible.

Je n'ai jamais pensé que j'étais intelligent, Annie. En fait, quelques-uns des brillants enseignants que j'ai eus ont essayé de me convaincre que j'étais stupide. Je n'ai jamais été stupide. Simplement, je n'ai jamais pu me conformer à la ligne du parti. Ils essayaient de me faire avaler leur interprétation de la vie, au lieu de me laisser vivre et découvrir les choses par moi-même.

Joseph regarde à travers un trou dans une couche épaisse de nuages, que je remarque maintenant au-dessous de nous, et tu es là, assise à ton ordinateur. Et je sais, sans doute aucun, que nous sommes, toi et moi, censés faire cela.

Je comprends. Ce voyage que nous faisons ensemble peut te sembler parfois effrayant. Ton défunt frère qui apparaît, parle avec toi, te montre son monde, et arrange les synchronicités sous la forme de petits indices pour te prouver que c'est réel – c'est certainement désorientant.

Pourquoi ceci arrive-t-il ? Parce que c'est possible. Sais-tu qu'Harry Houdini a passé des années à essayer d'établir des contacts avec d'autres dimensions, recherchant des preuves d'une vie dans l'au-delà ? Même s'il a été le plus grand magicien connu, ses tentatives de communiquer avec les morts, ou de contacter les vivants après sa mort, ont réussi. Il manquait juste les ingrédients essentiels : l'émetteur adéquat, le récepteur adéquat, et la permission de ceux qui se trouvent de ce côté des choses.

Je sais que tu ne veux pas que les gens pensent que tu es barjo. Je te l'ai déjà dit, ne te soucie pas de ce que pensent les autres. C'est un autre secret de vie important. Ne vis pas en fonction de ce que tu « penses » que les autres pensent. Tu t'imagines que tu peux contourner la question en faisant du livre un roman, mais je te le dis, Annie, c'est mieux parce que c'est réel.

Se retrouver dans le firmament d'un bleu saphir avec ce livre entre les mains est un grand honneur. J'ai toujours voulu écrire un livre. Tu ne le savais pas, n'est-ce pas ? Je voulais partager un peu de la sagesse que j'avais acquise au cours de mes voyages, aider les autres à se connecter au côté spirituel de la vie. Mais dans mes rêves les plus fous, je n'ai jamais imaginé que je deviendrais un écrivain à titre posthume [rires].

Et n'oublie pas de rechercher « Barnabus » sur Google, le nom que j'ai prononcé quand tu t'es réveillée ce matin.

J'étais abasourdie. Pour la première fois, je pouvais voir des *flashs* du monde de Billy, sa robe miroitante, une étincelle des yeux bleus de Joseph. Et pendant une milliseconde, je vis la sphère blanc-bleuté qui me donna la sensation fugace que plus rien ne pourrait mal tourner. Mieux encore, je vis le visage radieux de Billy, avec, dans son regard, cette connaissance du saint chenapan qui a tout vu, tout fait, regardant la sphère comme s'il s'attendait à ce qu'elle dure toujours.

Je cherchai « Barnabus » sur Google. Le premier résultat de la recherche disait :

Saint Barnabé (Ier siècle), né Joseph.

Joseph ! Je ne pus en lire davantage. Avoir entendu que nous avions la permission d'écrire le livre, avoir vraiment vu Billy pour la première fois, et cette preuve sur saint Barnabé qui s'appelait Joseph – c'en était trop pour mon cerveau.

Le fait d'avoir la permission signifiait-il que j'étais maintenant obligée de tout révéler du monde de Billy ? Billy était-il en train de me pousser à me sentir spéciale, en disant que même Houdini ne serait pas capable de faire ce que nous faisions ? Avoir des conversations avec un mort n'était pas exactement ce que je voulais pour me rendre intéressante.

Mon frère n'était pas le seul à être rebelle.

CHAPITRE 16

La sphère blanc-bleuté

Je savais que Billy ne pouvait plus me parler directement. Depuis qu'il avait commencé à devenir l'Univers, je devais me concentrer sur la lumière bleue qui apparaissait le matin au-dessus de mon lit, pour pouvoir l'entendre. C'était comme une radio cosmique – je devais me brancher pour écouter l'émission. Je décidai de passer outre la lumière, du moins jusqu'à ce que je décide de la route à suivre par la suite.

Pendant des jours, je prétendis ne pas voir la lumière au-dessus de mon lit. Puis, un après-midi, au moment où je franchissais ma porte d'entrée, j'eus un choc en voyant Billy au-dessus de moi, une ombre pâle et transparente, flottant comme un cumulus dans le ciel. Il portait une robe blanche et lisait un grand livre qu'il tenait ouvert entre ses mains, un livre avec une reliure de cuir rouge, en tout point identique à celle du carnet qu'il m'avait offert. Mon imagination était-elle en train de me jouer des tours, ou Billy utilisait-il son nouveau corps pour attirer mon attention ? Et qui lui donnait la permission de le faire ? Quoi qu'il en soit, ignorer Billy n'était plus une option possible. Le matin suivant, quand je vis la lumière blanche, je m'y branchai.

Merci de m'honorer en t'asseyant enfin à ton ordinateur pour retranscrire mes paroles. As-tu été surprise de me voir hier dans le ciel avec le carnet rouge dans les mains ? J'ai acquis certains avantages avec mon nouveau corps [rires].

Comment pourrais-je décrire la sphère blanc-bleuté ? Visualise ton propre soleil rayonnant environ six mètres au-dessus de ta tête, si gros qu'il recouvre le ciel tout entier. Cette sphère est composée de lumière, pas de feu, et au lieu d'être jaune, son noyau blanc tourne au bleu saphir quand il flamboie. Il est si puissant que, si tu étais dans son voisinage, ta peau serait pulvérisée en une nanoseconde. Mon nouveau corps étant composé de cette lumière, ce n'est pas un problème pour moi.

Tous les êtres sur terre portent la lumière de cette sphère en eux. C'est pourquoi les philosophies spirituelles disent que nous sommes un. Là où je suis, ce n'est pas une simple théorie. Je vois la lumière blanc-bleuté partout, dans tout – en moi comme en toi.

La lumière de la sphère propulse ton âme dans ton corps quand tu es dans la matrice. Elle devient alors la force invisible qui te donne la vie. Et quand ton heure a sonné, cette même lumière projette ton âme directement dans la chambre curative au moment de ta soi-disant mort.

Et tout comme moi, un jour, tu obtiendras de la sphère blanc-bleuté un nouveau corps merveilleux, composé de lumière. Alors, au lieu de porter la lumière en toi, c'est la lumière qui te portera en elle. Cela arrivera quand tu vivras là où je suis actuellement, dans un monde dénué d'ombre.

Dans ton monde, étant donné que la terre tourne autour du soleil, il n'y a rien d'autre que de l'ombre une grande partie du temps. Le mystère de la vie sur terre ne peut exister sans l'élément ombre. Il n'y a pas de mer sans tempête, de terre sans séisme, de vent sans tornade. Sur la terre, quand la lumière s'élève, l'obscurité l'accompagne. Là où il y a lumière, il y a ombre… sauf s'il est midi. Mais il ne peut pas toujours être midi, Princesse. Et parfois – parfois, l'obscurité s'avère aussi bénéfique. Ne sous-estime pas les richesses contenues dans l'obscurité. La vie est très temporaire, ne laisse donc pas simplement le temps passer. Laisse les moments te remplir – ceux que tu juges positifs comme ceux que tu juges négatifs.

Rappelle-toi, la lumière blanc-bleuté est toujours en toi. Et chaque jour, en te la remémorant, tu la nourriras et elle grandira. Quand la vie sera joyeuse, la lumière sera là. Quand il y aura des difficultés, la lumière sera là également.

Je sais que tu as peur que les choses tournent mal. Cela arrivera. C'est ainsi sur la terre. La souffrance est notre lot ici-bas, mais la souffrance est un état transitoire. Ma transition m'a conduit à la mort et jusqu'à ce réconfort et cet amour que je reçois maintenant dans chaque molécule de mon être. Sache que l'ombre est illusoire et temporaire. La félicité, à terme la félicité et la lumière, représente la réalité la plus tangible et la plus puissante.

À qui d'autre qu'à toi pourrais-je révéler ces secrets, ma chérie ? Qui d'autre que toi pourrait partager mon voyage dans les mondes de l'au-delà ? Et qui d'autre que toi pourrait m'aider à écrire ce livre ?

Retranscrire ces paroles m'avait donné des frissons. Cette fois, au lieu de me rendre euphorique, l'énergie intensifiait mon conflit intérieur. Billy, Joseph, ou n'importe qui d'autre de leur dimension qui autorisait ce genre de chose, voulait que je fasse quelque chose auquel je n'étais pas prête. Mais si je contestais ce livre, allais-je rejeter les espoirs d'un monde supérieur ? Cela aurait-il des conséquences ?

Je sortis, espérant revoir mon frère dans le ciel, mais il n'était pas là. Ce fut l'une des rares fois où je parlai à Billy tout haut.

« Je suis désolée, Billy, dis-je, mais je ne peux pas le faire. Je ne veux pas écrire ce livre pour toi. Cela m'effraie. Je ne sais pas pourquoi, mais chaque fois que je pense à sa publication, je me sens terrifiée. Si les gens étaient censés savoir ce qui se passe après la mort, ce ne serait plus un aussi grand mystère, n'est-ce pas ? » J'étais au bord des larmes. « Je suis désolée de te décevoir, j'adore t'entendre, j'adore t'écouter, mais je ne peux écrire ce livre. S'il te plaît, ne cesse pas de venir me voir. »

CHAPITRE 17

Quantum

En me réveillant le lendemain matin, je scrutai le plafond pour apercevoir ne serait-ce qu'une petite lueur bleue, mais il n'y avait rien. Ni ce matin-là, ni le lendemain, ni le suivant. Pour encourager Billy à venir, je m'assis devant mon ordinateur juste après l'aube, en regardant le ciel par la porte vitrée.

Un peu plus d'une semaine plus tard, Billy apparut à nouveau dans le ciel, cette fois en incarnant un ange chenapan. Un jouet brillant en forme de halo, comme ceux que l'on peut trouver dans un magasin de déguisements, était posé en biais sur sa tête. Son visage arborait une expression exagérément sainte. À intervalles réguliers, il regardait le carnet rouge qu'il tenait et prenait des airs comme s'il lisait les mots les plus intéressants et les plus surprenants jamais écrits. C'était exactement le même genre de pitreries qu'il faisait quand il était en vie. Même si ce que je voyais me faisait douter de ma santé mentale, j'étais heureuse qu'il soit là.

Les jours suivants, au cours de mes sorties, Billy l'ange chenapan surgissait fréquemment. Je marchais en ville, parlais à une connaissance, mettais de l'essence dans ma voiture – et il était là, faisant le bouffon dans le ciel. Il apparaissait en présence d'autres gens, mais j'étais la seule à le voir. C'était notre secret.

Après trois ou quatre jours de la sorte, je me réveillai un matin et vis la lumière de Billy au-dessus de mon lit. Je me dirigeai directement vers mon ordinateur et me branchai.

Je sais que l'une des raisons pour lesquelles tu hésites à partager ces écrits est ton désir de préserver notre relation du ridicule, et je t'en remercie. Mais ma chérie, en réalité, il n'y a rien à protéger. Tout ce que nous faisons, c'est raconter l'histoire. Laissons chacun décider de la prendre ou de la laisser. Certains penseront que c'est vrai. D'autres diront « peut-être », mais « peut-être » est un grand progrès par rapport à « pas du tout ».

Chaque être sur terre est éternel, mais ne le sait pas. Ils peuvent le croire en quelque sorte, mais ils ne le savent pas. L'éternité n'est pas un concept que peut saisir l'esprit. Tu peux essayer de l'imaginer, mais comme tu n'es pas capable de l'expérimenter, ton esprit dira : « Ouais, je pense que c'est une merveilleuse histoire, peut-être authentique », mais il finira par rejeter ce qu'il ne peut comprendre. La raison en est que ce n'est pas ton esprit qui peut saisir tout cela. C'est quelque chose de bien plus grand et plus réel que ton esprit.

Prenons ton cas, par exemple. Bien que tu sois celle qui vit ces expériences, tu continues à ne pas les accepter totalement, pas vrai ? Pourquoi ? Parce que ta nature terrestre s'élève contre la réalité de Billy qui te parle d'une sphère différente. Ma chérie, c'est plus qu'un livre. Je cherche à t'aider et à aider les autres à élargir leur conscience. Fais un saut quantique.

Quel est le sens de ces paroles ? Bon, laisse-moi te donner la version de Billy concernant le quantum – le quantum facile en quelques étapes. Quelle est la plus courte distance entre deux points, le chemin le plus rapide pour aller d'ici à là ? Est-ce une ligne droite ? Pas vraiment, parce que tu es déjà aux deux endroits. Les gens disent que l'on ne peut être à deux endroits en même temps, mais ils ont tort. Là où tu veux aller, tu es déjà. Et là où tu ne veux pas aller [rires], *tu es déjà aussi. Le quantum demande que tu te concentres sur l'endroit où tu veux aller.*

Qu'est-ce qu'un saut quantique ? Cela signifie qu'un changement de perspective est quelque chose de très puissant. Cela signifie que la manière dont tu vois une chose peut réellement modifier cette chose. L'expérience que tu aimes tant, celle du chat de Schrödinger, parle de quantum. Au fond, il postule (tu aimes ce mot ?) que la manière dont tu observes une chose modifie cette chose.

Le chat de Schrödinger – Version Billy

Papa n'aimait pas les chats et ne voulait pas en entendre parler. Quand papa regardait un chat, il voyait une créature mauvaise, munie de longues griffes pointues. Tu regardes un chat et tu vois le paradis. Penses-tu que cela puisse affecter le chat ?

Le quantum s'applique habituellement à des particules subatomiques, pas aux gens. Mais les gens sont en fait de vastes univers de particules subatomiques, et parfois, un changement de perspective incite les particules à danser différemment, à sauter dans une nouvelle réalité. C'est pourquoi je dis que le point de vue est tout. Bon, pas tout, mais beaucoup.

Je me suis tenu pendant des jours dans le ciel, incarnant un ange afin que tu te prennes un peu moins au sérieux, que tu t'assoies à ton ordinateur et que tu écrives. Pour moi, les jours sont une éternité. Ouah ! L'éternité, Annie, pense à cela. Ne t'inquiète pas, Greta Garbo. Je ne parle pas d'une vie éternelle sur terre [rires]. *C'est différent.*

Si tu veux faire un saut quantique, construis un pont avec moi entre ton monde et le mien. Prends le risque. Change ton point de vue sur l'écriture de ce livre et fais ce voyage avec moi. Parce que, si tu pouvais échapper à l'étroitesse de ton esprit et vivre dans la dimension de mes bénédictions, si tu pouvais danser cette danse avec moi, tu expérimenterais quelque chose que tu peux difficilement imaginer, une chose dans laquelle, à certaines occasions, tu as déjà trempé un orteil. Plutôt qu'un orteil, essayons de t'y faire entrer jusqu'aux chevilles, puis aux genoux, aux cuisses, à la taille. Petit à petit, essayons de te faire entrer dans l'océan de ton Essence divine.

Billy faisait la même chose que quand il était en vie : utiliser son humeur et son charme pour obtenir ce qu'il voulait. Sa stupide imitation d'ange m'incita à penser qu'écrire ce livre n'était peut-être pas aussi sérieux que je le croyais. Flotter dans le ciel sous l'aspect d'un ange chenapan était la façon de Billy de dire : « Et alors ! Ce n'est pas bien grave ! Ne t'inquiète pas. Viens jouer. »

Depuis la mort de Billy, je m'étais isolée de plus en plus. Je laissais le répondeur tout le temps et ne prenais que les appels des amis qui connaissaient l'histoire de Billy. Si elle arrivait aux oreilles de tous, comment serais-je capable d'agir normalement étant donné que je ne me sentais pas normale ? Je trouvais des excuses pour ne pas voir les gens. Peut-être mon Univers s'était-il élargi, mais mon monde physique avait définitivement rétréci. J'étais en train de migrer dans le secret de Billy.

Après m'avoir dicté ses notes, Billy m'invita à venir près de la baie. Maintenant que je pouvais voir Billy aussi bien que je l'entendais, c'était presque comme si c'était un ami qui vivait en bas de la rue.

La journée était tiède, remplie d'une légère brise. J'enfilai un maillot de bain rouge usé par les années et descendis jusqu'à l'eau. Au moment où j'atteignis le rivage, Billy était là, dans le ciel, immanquablement. Il avait repris sa forme d'ange lumineux et était vêtu d'une robe blanche, si transparent qu'il en était presque invisible. Il éleva les mains au-dessus de moi pour m'envoyer des bénédictions. Il ne cessait de répéter :

Le monde est ton huître
Le monde est ton huître
Tu es la perle
et l'huître.

Je voyais des étincelles argentées partout. Malgré mes lunettes de soleil, la lumière était si forte qu'à la fin des bénédictions, j'eus peur de découvrir que j'étais devenue aveugle. Les yeux mi-clos, je pataugeai d'un pas hésitant sur le lit de galets avant de me plonger dans l'eau apaisante et chaude de la baie. Me laissant flotter sur le dos, les yeux fermés, je murmurai mon nouveau mantra : « Je suis la perle et l'huître. »

Rentrée chez moi, je sortis un magazine de la boîte aux lettres et l'ouvris. La première page était recouverte d'un encart publicitaire montrant une blonde en robe de chambre dorée, affalée sur le sol d'un bar à huîtres. Le bar et le sol étaient jonchés d'immenses piles de coquilles d'huîtres abandonnées. La femme épuisée regardait fixement un objet qu'elle tenait entre les doigts. En regardant de plus près, je vis que c'était une perle étincelante surdimensionnée.

CHAPITRE 18

Le Supra-monde

Le jour qui suivit la bénédiction de Billy par la perle dans l'huître, je me réveillai avec la sensation d'avoir une sévère gueule de bois. L'énergie du monde de Billy s'était intensifiée, et elle m'effrayait. Ce n'était pas exactement l'énergie qui me faisait peur, c'était l'effondrement qui suivait inévitablement mon voyage entre son monde et le mien.

Les personnes qui ont vécu des expériences de mort imminente disent souvent qu'elles n'avaient aucun désir de revenir dans ce monde, celui de l'au-delà étant bien plus agréable. Quand Billy me rend visite, je suis enveloppée de son atmosphère supérieure. Mais contrairement à mon frère, quand il cesse de parler, il me faut revenir sur terre, et ce n'est pas facile. Billy est lumineux de félicité, j'ai un rhume. Il porte des robes sacrées, je dois faire la lessive. Il flotte ici et là et devient l'Univers, je suis coincée dans les embouteillages. Je me sens agitée. Le temps passe et je ne sais toujours pas quoi faire de ma vie. Billy vit hors du temps où chaque moment remplace un autre, et il n'est pas obligé de penser à ce qu'il devra faire après.

Billy me fit savoir qu'il comprenait ce que je traversais.

Chaque fois que la présence de mon monde devient vraiment puissante, tu as peur que quelque chose de mauvais t'arrive. Ne t'inquiète pas. La lumière de mon monde ne te fera aucun mal, Princesse.

Il existe de nombreux mondes, et la vie après la mort prend de nombreuses formes. Le lieu où tu vas, les êtres que tu rencontres et l'endroit où tu les rencontres, tout cela diffère selon les personnes. Quand papa est mort, après être passé par la chambre curative, il ne s'est pas retrouvé à flotter dans l'Univers comme je l'ai fait. Dans son voyage, il a fait une escale supplémentaire vers l'élévateur cosmique. Il a atterri à un endroit qui ressemble davantage aux idées que les gens se font du paradis. Appelons-le le Supra-monde.

Le Supra-monde est un lieu très accueillant. Les choses qui s'y trouvent sont conçues pour le confort de l'âme qui vient de mourir. L'une des activités des gens dans ce monde consiste à abandonner certaines peurs : la peur de la mort, la peur de ne pas avoir de corps, la peur du châtiment. Et dans la plupart des cas, celui qui vient de décéder ressent un fort désir de se rapprocher de ceux qu'il a aimés sur terre. C'est dans le Supra-monde que cela se passe.

Papa n'avait pas peur de la mort, mais il attendait vraiment avec impatience de voir ses parents et ses trois frères décédés avant lui. Au cours des derniers mois de la vie de papa, alors que le cancer l'emportait, il t'a dit que sa mère et son père étaient près de lui, adoucissant son départ, malgré les grandes douleurs qu'il ressentait. Ils étaient aussi réels pour lui que je le suis maintenant pour toi.

Après sa mort, papa retrouva ses parents et ses frères de la manière qu'il avait imaginée de nombreuses fois. Quand tu rencontres ta femme ou ton mari, ta famille ou des amis, ou même tes animaux familiers (oui, tu peux rencontrer tous tes chats), l'amour est plus fort qu'il ne l'était sur terre. Je sais que cela paraît idéaliste, et ça l'est, parce qu'en fait, le Supra-monde se bâtit sur le monde des idées humaines.

Les gens doivent-ils attendre dans le Supra-monde, avant de pouvoir en partir, jusqu'à ce que tous ceux qui veulent les voir meurent? Non. Cela ne se passe pas ainsi. Tu vois, après la mort, tu es capable d'être à plusieurs endroits à la fois.

Ainsi, par exemple, bien que je n'y sois jamais allé, quand maman mourra, je la rencontrerai dans le Supra-monde et lui donnerai tout l'amour qu'elle aurait aimé recevoir de moi. De mon monde supérieur, je peux rendre visite à tous les niveaux inférieurs; ainsi, le Billy adapté au Supra-monde viendra la rencontrer là-bas. Ce phénomène de déplacement ne devrait pas être trop difficile à imaginer pour toi. Je suis à des centaines d'années-lumière de l'endroit où tu es, mais je peux quand même venir te voir – D'accord?

Indépendamment des réunions, le Supra-monde est aussi le lieu où celui qui vient de mourir interprète les fortes croyances qu'il avait sur la mort quand il était en vie. C'est comme une bobine de ruban qui se déroule. La bobine diminue au fur et à mesure que les croyances sont interprétées. Tout d'abord, le scénario de mort du Supra-monde – avec ses anges, ses portes du paradis, ses harpes, etc. – est très satisfaisant. Au fur et à mesure que la personne se familiarise avec la nouvelle atmosphère, ses idées perdent de leur emprise. Les croyances ressemblent un peu à des jouets. En grandissant, tu perds la fascination qu'ils exercent sur toi et tu les jettes.

Les croyances sont nombreuses sur terre. Les gens en font collection. Certaines sont utiles, mais d'autres ne font que t'inciter à tourner en rond, à tenter de suivre les règles de ceux qui les ont instituées. Elles n'ont pas beaucoup de sens personnel. Il serait bon de faire l'inventaire de tes croyances de temps en temps et de rejeter celles qui ne te sont plus utiles.

Tous ceux qui meurent finissent par quitter le Supra-monde et vont observer leur hologramme projeté sur l'écran virtuellement enrichi de l'Univers. Mais ils ne l'observeront pas à travers les yeux humains, à travers la lentille du bien et du mal, comme ils le faisaient sur terre. Quand arrive le moment où tu es prêt à visualiser ta vie, tu as déjà laissé de nombreux concepts humains derrière toi et tu regardes à travers des verres divinement colorés. Les humains n'arrivent habituellement pas à se rendre compte de l'entière magnificence de leur vie quand ils sont en vie. Ils se laissent prendre au piège d'un grand nombre d'idées et perdent de vue le miracle qu'est leur vie.

Je n'avais pas vraiment peur de la mort, et au moment où elle est venue, il n'y avait personne en particulier que je désirais rencontrer. Il ne me restait plus non plus beaucoup de croyances, qu'elles soient spirituelles ou autres. Tout avait été perdu durant mes dernières années sur terre, sauf mon aspiration vers Dieu, et le sentiment qu'il y avait quelque chose de grand qui m'attendait après la mort. Je sautai complètement le Supra-monde. C'est très agréable là-bas, vraiment, mais rien de comparable à la félicité par laquelle je suis passé. Les gens ont généralement besoin d'être préparés à cette sorte de félicité. Personne n'a eu à me préparer. J'étais prêt pour l'extase.

La raison pour laquelle j'ai choisi de faire mon chemin particulier sur terre dépasse l'entendement humain. Pourquoi une personne, quelle qu'elle soit, devrait-elle emprunter ce chemin ? Eh bien, pour moi, le drame de mon addiction à la drogue fut l'une des parties les plus intéressantes de ma vie. Ce fut un combat très important. Et dans mon cas, le perdre me prépara à une grande victoire. Je ne le savais pas alors, mais mon calvaire sur terre me préparait à ce qui allait venir.

Tu vois, après le bilan de l'hologramme, la majorité des gens ne continuent pas pour devenir l'Univers. Mais ne t'inquiète pas, tout va bien pour eux. Personne ne veut aller à un autre endroit que celui où il se rend. Quelques âmes reviennent se réincarner sur ta planète et d'autres vont dans des lieux de l'au-delà pour continuer leur développement et se préparer à l'expérience de devenir l'Univers. Ils ne pourraient supporter cet événement sans y être préparés.

J'étais un drogué incurable qui n'était même pas capable de gagner sa vie. Qui aurait pensé que j'étais prêt à devenir l'Univers ? Eh bien, cela te montre simplement que tu ne peux jamais juger de la vie d'autrui, y compris de la tienne.

Il arrive parfois que tu sois forcé d'être seul dans les épreuves, et rester seul te prépare à devenir l'Univers. Je ne suis certainement pas en train de suggérer à quiconque de suivre mon chemin. Sûrement pas. Mais je recommande que *tu voies avec tes propres yeux, et non à travers les lentilles des autres. Rends ta vie la plus intéressante possible. Prends des risques. Cours après tes rêves.*

Peut-être ces pages te donneront-elles un avant-goût des nombreux mondes et des possibilités infinies qui t'attendent. Peut-être vas-tu commencer à jouer avec l'idée que tu es éternelle, que tu continueras. Peut-être ne prendras-tu pas le chemin que tu imagines, mais ce sera tout simplement plus grand et plus magnifique que tout ce que tu pourrais concevoir.

Après la dictée du matin, je pris ma voiture jusqu'à l'océan. Quel merveilleux matin d'été : un ciel bleu et clair, parsemé ici et là de quelques nuages cotonneux. Alors que je marchais le long de l'eau, une légère brise virevolta autour de moi et, pour la première fois, je lançai un défi à Billy.

« Donne-moi immédiatement un signe quelconque. »

À ce moment précis, Mitzi, le chien de mon enfance, le plus beau cadeau que m'avait fait mon père, accourut vers moi sur la plage, en remuant la queue de manière intensive, comme un vieil ami. Bon, ce n'était pas vraiment Mitzi, mais son sosie : même taille, un mélange de fox-terrier et de beagle couleur miel, mêmes yeux expressifs avec des cils épais et blancs. Comme je me baissais pour la caresser, elle me lécha le visage. Si son propriétaire ne s'était pas montré, je l'aurais ramenée chez moi.

J'avais eu mon signe.

En rentrant, j'appelai le négociant en Mercedes pour la quatrième fois. Il me jura qu'il avait expédié les affaires qui se trouvaient dans la voiture accidentée dès mon appel. Je ne me faisais pas trop d'illusions.

CHAPITRE 19

La légende de la perle et de l'huître

Un orage estival me réveilla au milieu de la nuit. Le vent secouait les arbres, comme il l'avait fait pendant les jours qui avaient suivi la mort de mon frère. Incapable de me rendormir, je réfléchissais sur les grands changements qui s'étaient opérés en moi depuis. Maintenant que je savais qu'il existait d'autres dimensions, je ne pourrais jamais plus penser à la vie, à la mort, à moi-même, au cosmos ou à toute autre chose de la manière qui m'était habituelle.

Bientôt, la voix de Billy se fit entendre à travers le vent.

Hello, et je t'aime.

Le monde est ton huître
Le monde est ton huître
et dans la coquille de l'huître, tu trouveras
de nombreuses perles.
Des perles de sagesse tu jetteras devant toutes
les créatures.
Je placerai à l'avant de ton chariot
dix-sept chevaux blancs,
de magnifiques chevaux
habillés d'or.

La première fois que j'ai dit: «Le monde est ton huître», cela sonnait bien, pas vrai? Comme si toutes ces magnifiques perles se présentaient sur ton chemin pour te rendre la vie relativement facile. Mais la saga de l'huître et de la perle est plus compliquée qu'elle n'en a l'air à première vue. La perle ne peut apparaître que si du sable pénètre à l'intérieur de l'huître et l'irrite.

Le monde est mon huître? Pleine d'irritation? Quel genre de bénédiction est-ce donc?

Ce n'est pas ma faute, Princesse. Je sais. Tu aimerais juste te pavaner dans la vie et que tout soit facile, au lieu d'être prisonnière dans une huître sableuse [rires]. *Si je te donnais la recette de Billy pour faire des perles, apprécierais-tu?*

Oui, je sais, l'irritation n'est pas agréable, mais sans elle, il n'y aurait pas de perle. Ne te focalise pas trop dessus. Essaie de ne pas te détendre vis-à-vis du sable. Si tu traites de manière créative avec lui, tu obtiendras un magnifique trésor.

Pour fabriquer une perle, ton huître doit avoir une coquille solide pour te protéger des cent millions de particules irritantes de ton environnement. Ta coquille t'aide à faire le tri parmi les grains de sable. Tu sais lequel peut devenir une perle et lequel n'en vaut pas la peine.

Si tu deviens une huître vraiment intelligente, dotée d'une bonne coquille, tu peux vivre avec plus d'abandon parce que tu n'as pas à t'inquiéter du sable outre mesure.

« Oh, encore ce sable. Cela arrive toujours quand je sors une grosse bouchée de l'océan. J'en recracherai la plus grande partie et ne me soucierai pas trop du reste. »

Et pourquoi n'as-tu pas à être aussi soucieuse ? As-tu regardé l'intérieur d'une huître dernièrement ? C'est doux, fertile et informe. L'intérieur de ton huître est ton étincelle créative, ton laboratoire de fabrication de perles. Les gens intelligents travaillent en laboratoire, n'est-ce pas ? Eh bien, étant donné que tu es l'Univers, ton laboratoire n'est dirigé par personne d'autre que l'Intelligence universelle.

La même intelligence qui fait pousser les arbres des graines, qui permet aux oiseaux de voler, qui forme des vagues sur l'océan et donne naissance à de nouvelles étoiles. Cette même intelligence respire aussi par ton souffle, fait battre ton cœur et guérit tes blessures.

Comment puis-je affirmer que tu es l'Univers ? Parce que je suis devenu aussi petit que la plus petite particule quantique, et aussi grand que la multitude de galaxies qui existent dans l'espace. J'ai toujours été ainsi, vraiment. Je ne le savais pas tout simplement pas. Et c'est la même chose pour tous.

Regarde des images de l'Univers. Puis ferme les yeux et imagine ces étoiles, nuages, comètes et galaxies à l'intérieur et tout autour de toi.

Quand tu tournes ton attention vers l'infini, l'irritation semble minuscule par rapport au soleil, à la lune et aux étoiles. Quand tu imagines l'infini, tu es touché par ton moi infini.

En ouvrant ma boîte e-mail ce matin-là, je trouvai un message de Guru Guy avec un lien vers des photos prises du télescope Hubble. Une vue à couper le souffle de l'univers emplissait mon écran : la nébuleuse de l'Œil de chat, des galaxies aux anneaux lumineux, des étoiles qui naissaient. Le lien était apparu au bon moment, sans effort de ma part.

Tôt le matin suivant, je pris ma voiture et roulai trois heures pour me rendre à l'appartement de ma mère à Brooklyn, un voyage que je faisais chaque semaine depuis le décès de mon frère. Durant le trajet, Billy me dit que quelque chose allait arriver. Je fus heureuse d'entendre cela, parce que c'était déchirant de voir ma mère de quatre-vingts ans qui devait se prendre en charge et dont la vie ne tenait plus qu'à un fil.

Le premier mois qui suivit la mort de Billy, ma mère avait pleuré pratiquement chaque seconde de chaque jour. Les médecins décidèrent alors de lui faire avaler toutes sortes d'antidépresseurs jusqu'à ce qu'elle devienne complètement catatonique. Elle se lamentait en arpentant son appartement en robe de chambre, cessa d'aller chez le coiffeur, de se maquiller ou de se faire les ongles. Elle agissait comme une vieille femme, chose qu'elle n'avait jamais faite auparavant.

Bientôt, ma mère se mit à lire d'innombrables livres traitant de la mort. Celui qu'elle dévorait quand j'arrivai ce jour-là parlait de gens qui avaient perdu leur âme en punition d'avoir été « mauvais ».

« Où est-il? » pleura-t-elle en s'effondrant dans mes bras. « Où est mon petit garçon? A-t-il perdu son âme? »

« Non, maman, l'âme de Billy va très bien. J'aimerais trouver un moyen pour t'aider à le croire. »

« Je ne m'étais jamais rendu compte combien je l'aimais, dit-elle. J'ai toujours pensé que je te préférais à lui, mais ce n'est pas vrai. Je l'ai aimé autant que toi. Maintenant, il ne le saura jamais. »

« Ne t'inquiète pas, tu le verras bien assez tôt. Tu pourras alors lui dire tout ce que tu veux. »

Cela la fit sourire.

Je brossai ses cheveux blancs, lui mis de la crème et du rouge à lèvres sur le visage, et l'aidai à s'habiller. « C'est un merveilleux jour d'été, dis-je. Allons marcher près de la rivière. » Le soleil brillait, se reflétant sur le fleuve Hudson, tandis que nous flânions bras dessus, bras dessous sur le chemin piétonnier.

« Je dois acquérir plus de sagesse, maman. Ma vie est encore un mystère pour moi. Tu as vécu longtemps et appris beaucoup. Que peux-tu me révéler de sensé? » Lui demander son avis était ma manière de l'aider à se rappeler combien elle était intelligente.

« C'est drôle, je savais que tu allais me poser cette question et je savais quoi te répondre. Je viens juste de lire un livre parlant d'une mère chinoise et de sa fille. Je pense que le titre est *Les Perles éparpillées*. La fille étant sur le point de partir pour l'Amérique, la mère lui dit que, quels que soient les problèmes que lui réservait la vie, elle devait y penser comme à du sable dans une huître et le transformer en perles merveilleuses. Et c'est ce que je veux pour toi, ma fille chérie. Accepte les choses difficiles et fais-en des perles. »

Je ris et dis : « Tu ne vas pas le croire. J'ai laissé quelque chose dans ton appartement pour te le montrer. »

Je lui avais parlé de nombreuses fois des visites de Billy, mais elle n'avait jamais voulu lire un mot de ce qu'il avait dit. Je suis sûre qu'elle pensait que je vivais dans une sorte de pays imaginaire de Billy qui rendait la vérité crue et froide de sa mort encore plus douloureuse. Je comprenais, mais maintenant, je sentais qu'elle pourrait être réceptive.

En revenant à l'appartement, je lui lis les notes de Billy sur la perle et l'huître. Ma mère se gratta le front et resta muette une minute. Puis elle éclata de rire.

« Pendant tout ce temps, j'essayais de te ménager en t'assurant que je te croyais quand tu disais que

Billy te parlait. Mais maintenant, oh mon Dieu, je n'ai plus qu'à l'admettre ! »

Ma mère ouvrit sa boîte à bijoux turquoise et me tendit un collier de petites perles roses. « Pourquoi attendre que je ne sois plus là ? Je ne pourrais alors jamais te voir les porter. »

Après notre promenade, la mélancolie de ma mère s'intensifia. Elle m'avoua qu'elle se réveillait parfois en sentant l'esprit de Billy autour d'elle, qui la guérissait et l'aidait à se sentir mieux.

« Même si la douleur d'avoir perdu Billy ne peut se comparer à toutes celles que j'ai eues dans ma vie, dit ma mère, l'intention de Dieu était de me le faire connaître et de l'aimer, j'en suis certaine. »

CHAPITRE 20

Le Livre de Vie

Un doux matin de la mi-août, avant l'aube…

C'est un jour merveilleux. Pourquoi n'apporterais-tu pas le carnet rouge et ne viendrais-tu pas me rejoindre sur la plage ?

À mon arrivée, les bandes roses et orange du ciel firent place à la splendeur éthérée de Billy dans sa robe blanche.

C'est un bon jour là où tu es, ma sœur. Ici, chaque jour est un bon jour, bien qu'il n'y ait pas vraiment de jours ni de nuits. Mais ils ne me manquent pas. Rien ne me manque.

L'une des choses qui ne me manquent certainement pas, c'est le souci de mon apparence. Ici, je ressemble à ce que je suis, et c'est parfait. Il n'y a aucune prétention, aucun effort pour apparaître sous un aspect ou sous un autre. Je me contente de rayonner, ce qui ne demande aucun effort. Étant donné que je suis composé de lumière, je n'ai pas d'organes, pas de sang ou tout ce genre de choses. Pas de problème de genou, pas de problème de foie, pas de problème de drogue, pas de problème de poids. Je n'ai pas non plus de maison, hormis mon corps de lumière.

Parfois, je quitte mon corps de lumière et reviens pour devenir l'Univers. Je m'abandonne et fusionne de nouveau dans le champ d'énergie cosmique. Je suppose que tu pourrais dire que cela ressemble un peu au sommeil humain, parce que les deux procédés sont liés à l'abandon. Mais il n'y a vraiment aucune comparaison, parce que devenir l'Univers est une pure extase tandis que le sommeil est aléatoire.

Sur terre, tu as besoin du jour et de la nuit, de dormir et de te réveiller, de naissance et de mort. Tu as besoin de savoir que bien qu'aujourd'hui a été difficile, demain pourrait être mieux. Tu as peut-être saboté la journée – ou la journée peut t'avoir saboté –, mais tu peux aller dormir et te réveiller avec l'impression de prendre un nouveau départ.

La mort te donne l'occasion d'un nouveau départ, tout comme le sommeil. Nous ne pensons habituellement pas à la mort comme à un nouveau départ, mais c'est pourtant ce qu'elle est. Quelle que soit la soi-disant erreur que tu as commise, cela n'a plus d'importance maintenant, parce qu'il y a toujours une autre chance, voire une autre vie, pour essayer quelque chose de différent. Et ne t'inquiète pas. Les soi-disant erreurs ne sont pas un problème. Elles font juste partie du marché.

Après ta mort, en fait, tout devient beaucoup plus vivant. Par exemple, considère le Livre de Vie que m'a donné Joseph, cet homme éblouissant aux cheveux argentés que j'ai rencontré quand j'étais dans la sphère blanc-bleuté. Bien que je le nomme livre, il n'a ni pages ni mots. Il ressemble davantage à un arc-en-ciel ondulant. Je lui donne ce nom de livre parce qu'il implique un rassemblement d'informations. Et aussi parce que « Livre de Vie » est un terme qui m'a plu d'emblée.

Avant que l'âme vienne sur terre, son édition personnelle du Livre de Vie est écrite. La vie sur ta planète consiste en drames qui te transforment. N'est-il pas étrange de constater que la plupart des gens ont peur du changement, alors que le changement est la double sucrerie givrée au sommet du gâteau de la vie ?

Et, bien que la majorité de ta vie soit planifiée, il règne une grande liberté à l'intérieur de ce plan. Les circonstances ressemblent aux lignes d'un album de coloriage d'enfant, qui seraient tracées au crayon, et non à l'encre ; on peut les effacer. Tu influences les lignes en fonction de la manière dont tu colores les espaces.

Lire mon Livre de Vie n'est pas la même chose qu'observer mon hologramme. L'analyse n'était pas utile dans ce dernier. Maintenant, Joseph et moi étudions la manière dont les couleurs particulières que j'ai choisies ont modelé ma vie.

Joseph ressemble à un être humain, mais il est composé de lumière, tout comme moi. Je ne pense pas que ce soit l'émanation de l'un des Êtres supérieurs que j'ai déjà mentionnés. J'ai l'impression qu'il travaille sous l'égide de leur bienveillance. Joseph est plus beau que le plus beau des acteurs que tu aurais pu voir. L'expérience et la bonté sont gravées sur son visage. L'attitude qu'il adopte envers tout n'est pas du tout sérieuse ; elle est enjouée et sage. Je ne sais pas si tout le monde ici voit les choses de la même manière que Joseph, mais je peux te dire que sa perspective me convient parfaitement.

Même si Joseph sait beaucoup plus de choses que moi, il ne m'impose pas de règles, ni ne donne son opinion si je ne la demande pas. Il ne me domine en aucun cas, et c'est merveilleux. Tu es tellement sous l'emprise des autres quand tu vis sur terre que, d'une certaine manière, tu n'arrives pas à vivre ta propre vie. Tu peux vivre ta propre vie après ta mort.

Que fait Joseph exactement ? La plus belle chose qu'il fait, c'est de m'aimer de manière inconditionnelle. Sur terre, les gens parlent d'amour inconditionnel, mais tant que tu n'as pas été aimé de cette façon, il est impossible d'en comprendre la puissance. Cela va bien au-delà de l'acceptation, parce que l'acceptation implique que tu aimes des parties de moi et pas d'autres, mais que tu acceptes l'ensemble. Pour Joseph, tout ce qui me concerne est extraordinaire. Quelle expérience !

Je n'ai vraiment pas fait de mauvais travail sur terre avec les circonstances que j'ai choisies. Ce n'était pas des circonstances faciles. Une grande partie de ma vie me préparait à ma nouvelle occupation : écrire ce livre avec toi. Il est difficile d'aider les autres si tu ne comprends pas leurs frustrations, leurs déceptions, leurs peurs, leurs désirs et leur grandeur. Tu ne peux vraiment pas te mettre à la place de quelqu'un d'autre tant que tu n'es pas passé par là où ils sont passés.

Je suis passé par beaucoup d'endroits, j'ai joué un grand nombre de rôles différents dans ma vie : le drogué, le philosophe, le guérisseur, le scélérat, le bien-pensant, et mon favori : le saint chenapan. Je ne veux absolument pas insinuer que j'étais un saint, mais que, bien que j'aie accompli ma part d'actes peu conventionnels, et même des choses illégales, mon cœur et mon âme avaient des objectifs très élevés.

Aider les autres a toujours été ce que je préférais. Bien que je n'aie jamais terminé le collège, j'ai toujours été un bon orateur et j'ai toujours été sincère. J'ai utilisé ces dons dans mes heures de gloire. Te souviens-tu quand j'ai géré un centre de *désintoxication pour de jeunes adolescents drogués ? J'aimais ces enfants, et ils le savaient.*

Suite à cela, je pus mettre en pratique mes ambitions d'homme de loi en me tournant vers mon occupation préférée depuis toujours : travailler en tant que magistrat de liaison au tribunal de New York City pour aider ceux qui s'étaient fait arrêter pour des délits liés à la drogue. Je plaidais leurs cas et tentais de persuader les juges de les envoyer dans des centres de désintoxication plutôt qu'en prison. Évidemment, c'était avant que je fasse moi-même de la prison [rires].

Je suis honoré que l'édition de mon Livre de Vie contienne ces écrits dont je te donne la charge. Comme tu l'as probablement deviné, je suis redevenu une sorte d'âme secourable. Par la lecture de ces pages, j'espère que les gens prendront conscience qu'ils ne sont pas seuls. J'espère qu'ils sentiront leur immortalité, ne serait-ce qu'une fraction de seconde, afin qu'ils perdent un peu de leur peur de mourir. Ainsi, non seulement leur mort sera plus fantastique, mais leur vie sera meilleure.

Et, ai-je mentionné que dans ces pages, il y a la lumière ?

Oh, et je t'envoie une étoile aujourd'hui.

Le rayonnement de Billy m'amenait tant de paix que je m'allongeai sur la plage sans aucun souci en tête, regardant le ciel, cherchant l'étoile que Billy m'avait promise. La mer, le sable et les mouettes brillaient de la subtile lumière du Divin.

Cet après-midi-là, tandis que je conduisais dans New York City pour aller chez le coiffeur et me faire teindre les cheveux, je pensais que, de tous les rôles que mon frère avait joués, Billy Fingers était celui que j'aimais le moins. Je détestais ce nom. Il m'effrayait. Il évoquait des *deals* qui avaient mal tourné, la prison, les armes et la mort dans une impasse.

« Qu'es-tu, Bill? demandai-je. Un gangster? Un pickpocket? Un *bookmaker*? »

J'avais maintes fois souhaité que mon frère soit quelqu'un d'autre: un professeur, un écrivain, un homme d'affaires – plutôt que l'homme dont le plus grand plaisir était de se défoncer à la drogue. Parfois, j'avais même eu honte de lui. Comme au collège, la fois où le frère de ma meilleure amie ne voulait pas que cette dernière devienne amie avec la sœur du drogué du village. Tant pis si j'étais une étudiante d'honneur qui l'aidait à prendre conscience de sa grande valeur.

En garant ma voiture, je pensais que, bien que la vie de mon frère ait été tout autre que celle que j'aurais souhaitée pour lui, je n'aurais jamais voulu un frère différent, un qui n'était pas Billy. Je pensais également que je pourrais peut-être changer la couleur de mes cheveux et les avoir plus clairs en vue des beaux jours de l'été – les mettre un peu en lumière.

C'est alors que la voix de Billy traversa mon pare-brise.

Pourquoi ne te teins-tu pas les cheveux de la même couleur que l'actrice, Lena Olin?

Je ris en pénétrant dans le salon. « Que connais-tu des shampoings colorants, Billy? »

Tandis que j'attendais mon tour, assise sur une chaise, une femme vint s'asseoir à côté de moi. Une étrange attirance magnétique m'attira vers elle, et je tournai la tête pour la regarder. C'était la belle Lena Olin.

Billy m'avait littéralement envoyé une étoile.

CHAPITRE 21

Les tribus d'âmes

Avoir entendu Billy parler de ses différents rôles m'incita à m'interroger sur les miens. Étais-je une détective cosmique explorant le mystère ultime : ce qui arrive après la mort ? Billy ne se contentait pas de me donner des informations, il me donnait aussi des preuves. Et la conspiration avait été soigneusement préparée. J'avais quitté ma vie à New York City à la recherche d'une autre dans une maison près de la baie. Sans le savoir, j'avais préparé la scène pour l'entrée de Billy. Ce n'était pas seulement le Livre de Vie de Billy, c'était aussi le mien.

Tandis que la journée humide d'août touchait à sa fin, Billy me transmit d'autres secrets.

Bien que tous les êtres viennent de la même Source, en chaque fleur naissante, au sein de nos différences, se trouve le plaisir de la création. Dans ses multitudes de jeux magnifiques, l'Infini crée la diversité, et c'est pourquoi les tribus d'âmes sont nombreuses. Chaque tribu a ses propres recherches à entreprendre sur terre.

Ta tribu d'âme ne concerne pas seulement ton pays ou ta race, ta religion ou ta famille. Quand tu rencontres quelqu'un de ta tribu, tu as l'impression, d'une certaine façon, de connaître déjà la personne. D'autres tribus semblent étrangères, mais elles t'apportent le cadeau d'une nouvelle connaissance et d'une nouvelle sagesse. Toutes ces tribus différentes manifestent les caractéristiques nécessaires au grand jeu cosmique.

Un grand nombre de symboles élaborés apparaissent dans mon Livre de Vie. Ils sont écrits dans une langue que je n'ai jamais apprise, mais que j'ai l'impression de connaître intuitivement. Mon cher Joseph et moi sommes de la tribu Lohana, et ces symboles sont les formules de sagesse de notre tribu.

Chaque être humain assume des expériences divines dans les conditions que la terre a à offrir. Les formules de sagesse représentent le Graal sacré du voyage mythologique de l'incarnation humaine.

Non seulement je comprends le sens des formules de ma tribu, mais à travers elles, je sens l'essence des âmes qui les créent. Ce qui est surprenant, c'est le non-conformisme de ces formules. Elles ne contiennent aucune notion définie de ce qui est vertueux. Ces équations dépassent largement les étiquettes humaines de « bien » ou de « mal » et se concentrent plutôt sur la qualité de notre lumière.

Elles parlent aussi d'un grand mystère. Pourquoi une âme devrait-elle oublier ses nobles origines, se vêtir d'un corps et quitter les Mondes supérieurs pour une terre plus difficile?

Eh bien, ma chérie, c'est parce que l'âme adore faire des expériences et ne craint pas la souffrance. Elle sait qu'elle ne pourra jamais être blessée. Cela ne veut pas dire qu'il n'est pas normal que les gens préfèrent le plaisir à la souffrance. Cela fait partie du plan. Et tant que tu n'auras pas quitté ton monde, tu ne comprendras jamais complètement tous les comment et les pourquoi.

Je n'ai jamais aimé la peine et la souffrance, mais mon scénario de fin-de-vie-sur-terre en était rempli. Tu pourrais penser qu'étant donné que j'ai tant souffert, j'ai tout raté, mais ce ne serait pas exact. Même si ma vie s'est terminée comme un opéra tragique, c'était bien, mon chou.

Je sais, Princesse. Tu attends que je partage les formules Lohana avec toi, mais je n'ai pas la permission de le faire. Ne t'inquiète pas, Annie. Une grande partie de leur sagesse est déjà dans ce livre. En outre, tes propres équations sont inscrites, alors que tu es en vie. Et ne te soucie pas d'elles non plus. Tu n'as pas besoin de les comprendre. Contente-toi de suivre ta chimère, ton feu éternel, et les formules apparaîtront d'elles-mêmes.

Dès que je pus sentir de nouveau le sol sous mes pieds, je recherchai « Lohana » sur Google. Je fus étonnée de découvrir que c'était le nom d'une ancienne tribu originaire de l'Inde. Selon la légende, ces nobles guerriers étaient des descendants du seigneur Rama, un roi qui vivait il y a plus de cinq mille ans et qui est encore vénéré par les hindouistes comme l'une des nombreuses incarnations de Dieu. Billy était-il un descendant de Rama?

Je relus les notes de Billy, cherchant une réponse. Je ne la trouvai pas, mais quelque chose dans ce qu'il avait dit attira mon attention.

Contente-toi de suivre ta chimère, ton feu éternel, et les formules apparaîtront d'elles-mêmes.

Que voulait-il dire par chimère?

Le premier résultat que j'obtins dans ma recherche fut le monstre féminin à trois têtes de la mythologie grecque, qui crachait le feu.

Je continuai mes recherches.

Bientôt, un article intitulé «Aux pieds du Feu éternel» apparut. Il parlait des feux appelés *chimera*, qui brûlaient sur le mont Olympe en Turquie. Ces flammes mystérieuses venaient de l'intérieur de la montagne et embrasaient le ciel en passant par les orifices des rochers. Les *chimera* sont considérées comme éternelles – quand on essaie de les exterminer, elles se rallument.

Quelle était ma chimère? Où était parti mon feu? Écrire de la musique avait toujours été ma passion, mais cela ne me menait nulle part. Je dus avouer à ma personnalité Greta Garbo que l'expérience de Billy avait allumé une étincelle en moi. Être une détective cosmique explorant le monde de l'au-delà était peut-être ma nouvelle chimère.

CHAPITRE 22

Patty Malone

Un soir de septembre idyllique, alors que je prenais une douche, Billy dit d'une voix extrêmement effrayante: « Steve va être très malade. » Puis il rit comme Vincent Price dans un film d'horreur.

J'étais troublée et bouleversée. Billy n'avait jamais fait ce genre de prédiction auparavant, et pourquoi prenait-il cette voix sinistre? Peut-être n'était-ce pas vraiment Billy? Cela ne lui ressemblait pas. C'était peut-être une sorte d'imposteur qui essayait de m'effrayer. Mais pourquoi?

Il était vrai que Steve ne s'était pas senti bien dernièrement, mais un spécialiste l'avait rassuré en lui disant que ce n'était qu'une petite maladie microbienne. Et s'il s'était trompé? Si Steve apprenait ce que Billy venait de dire, il paniquerait.

Sans lui dire pourquoi, je l'appelai et le persuadai gentiment de consulter un autre médecin.

Quelques jours plus tard, Steve m'appela : « Le médecin dit que ce n'est qu'une infection qui se prolonge. Rien d'inquiétant. Il m'a donné d'autres antibiotiques. »

J'entendis de nouveau le rire sinistre de Billy dans le lointain. Il était plus fort cette fois et paraissait vraiment horrible tandis qu'il résonnait tout autour du plafond.

M'efforçant de garder mon calme, je dis à Steve : « Je voudrais que tu voies quelqu'un d'autre. »

« Pourquoi ? »

« Je ne sais pas. Va voir Florence. Je suis sûre qu'elle pourra te recevoir cet après-midi. »

Florence était la généraliste de Steve. Peut-être le spécialiste était-il trop spécialisé. Steve m'appela de son bureau.

« Mon électrocardiogramme présente des aspects suspects. Florence m'envoie chez un cardiologue. » Plus tard ce jour-là, Steve fut admis à l'hôpital pour passer une angiographie.

Je savais qu'une angiographie révélait souvent des complications. Je jetai quelques vêtements dans une valise et partis pour la ville. Le lendemain matin, quand les médecins entrèrent dans la chambre d'hôpital de Steve et nous annoncèrent qu'il devait subir une opération de pontage, je fus prise de vertige. Outre mon inquiétude pour Steve, les hôpitaux me déstabilisaient. À quinze ans, j'avais subi une appendicectomie en urgence, au cours de laquelle j'avais failli mourir, un cauchemar du début jusqu'à la fin.

Alors que j'étais sur le point de perdre mon sang-froid, la présence apaisante de Billy sortit de nulle part et me tira de ma panique. Je devins très calme et concentrée. Regardant l'hôpital autour de moi, je n'aimai pas ce que je vis. Sale. Désorganisé. Quand le chirurgien vint me dire qu'il opérerait Steve le lendemain, je lui fis un accueil glacial. Je passai plusieurs appels téléphoniques pour me renseigner sur le meilleur chirurgien cardiologue de New York City. Steve fut emmené dans une ambulance spécialisée pour cardiaques à minuit, et transféré dans un autre hôpital. Je levai les yeux vers le ciel d'un noir d'encre et dis : « Merci, Billy. »

Là, on s'aperçut qu'un des médicaments que lui avait prescrits le premier hôpital aurait pu déclencher des hémorragies mortelles sur la table chirurgicale. Son opération fut reportée jusqu'à ce que la drogue soit évacuée de son système.

L'opération à cœur ouvert se passa bien et fut beaucoup plus rapide que prévu. Comme nous avions décelé à temps le problème médical de Steve, il n'eut aucune complication cardiaque. Billy m'avait fait peur pour m'obliger à faire preuve d'obstination. Il ne s'agissait pas de thé vert. C'était une question de vie ou de mort.

Billy cessa de me parler pendant un certain temps. Il savait que j'avais besoin de temps. Ce dernier incident m'avait secouée. Je débordais de reconnaissance, mais j'avais des tas de questions.

Avant leur naissance, Steve avait-il accepté d'être le protecteur de Billy durant ses dernières années sur terre?

Billy avait-il accepté de lui rendre la pareille après sa mort?

Billy avait-il eu besoin d'une permission pour me prévenir que Steve était en difficulté?

Sans l'intervention de Billy, Steve aurait-il fait une crise cardiaque?

Steve aurait-il pu mourir?

Billy avait-il changé le destin de Steve?

En ma qualité de détective cosmique, j'étais déterminée à trouver les réponses. Mais comment? Chaque jour, au fur et à mesure que l'automne avançait, Billy planait paisiblement, sans se montrer, silencieusement, à une distance respectueuse.

Ayant besoin d'inspiration, j'attendis la pleine lune. Assise sur mon coussin de méditation à minuit, baignée dans l'odeur des bougies au jasmin qui flottait autour de moi, j'écrivis mes questions sur un carnet. Ce fut un soulagement de les sortir de ma tête pour les mettre sur le papier. Je fermai les yeux, me rendis là où il n'y a pas de pensée, pas d'espace, pas de temps. Quand j'ouvris les yeux une heure plus tard, à la place des réponses, je griffonnai la question qui me tenait particulièrement à cœur: *L'autre côté peut-il intervenir dans nos vies?*

Le soir suivant, une nuit d'octobre d'un bleu indigo, la lumière de Billy s'éleva loin au-dessus de moi, comme un ange.

Annie, Annie, réveille-toi.

Ne t'ai-je pas donné les preuves, ma sœur, que je suis réel ? Et plus important encore que le fait d'être réel, qu'il existe d'autres lieux – des lieux autres que la terre – qui sont réels, pleins de lumière, d'amour et de félicité. Et peut-être, juste peut-être, un peu de lumière pourrait venir de ces lieux pour améliorer un peu la vie sur ta planète, y apporter un peu plus de bonté, la rendre un peu plus musicale.

J'ai un visiteur avec moi, ce soir. Peux-tu voir l'aura de lumière bleu-doré dans le coin de la pièce ? C'est Pat, un esprit noble et très puissant.

Ne te rappelle-t-il pas Tex ? Il devrait, parce que c'est son frère aîné. Comme tu le sais, Pat a été tué quand Tex était adolescente, il est mort de façon tragique dans un crash *d'avion, alors qu'il rentrait chez lui pour Thanksgiving.*

Eh bien, Pat est maintenant le gardien de Tex en quelque sorte. La mère de Tex, Patty Malone, et tous ceux de ce côté des choses qui aiment Tex aimeraient que je lui envoie une lettre. S'il te plaît, peux-tu l'écrire ?

Chère Tex,

Ce n'est pas parce que tu es épuisée à la suite de la maladie et de la mort de ta maman que tu dois te détruire. Te détruire à l'alcool n'est pas le meilleur moyen de faire face aux moments difficiles.

Je sais que tu aimes la notion de destin. Eh bien, peut-être ton destin est-il de devenir plus grande que tes addictions ? Peut-être est-ce le moment déterminant de ton esprit ? Peut-être aimerais-tu rester quelque temps dans les environs sans que ton corps te harcèle en disant : « Je suis une bonne à rien » ?

C'était vraiment amusant pour moi! Perte de dents, tout boursouflé, perte de cheveux, douleurs atroces aux genoux, cracher du sang. Oh, tu peux y échapper quelque temps, mais après, tu dois en assumer les retombées.

Ton traitement consiste à te renfermer dans le silence, et tu veux infliger à chacun ce même traitement quand il s'agit de ce sujet très sensible. Je vais donc te le dire de manière plus tendre.

Tu vas devoir arrêter tout ça avant que ton corps ne se mette à pousser des hurlements pour attirer ton attention.

Commençons par un minuscule pas de bébé. Commence par développer la vigilance dans tout ce que tu fais. Pas de jugement. Pas de faux engagements. Commence simplement à laisser ce que tu fais entrer dans ta conscience.

Billy

Je pouvais voir la boule de lumière bleue que Billy identifiait comme le frère de Tex flotter dans le coin de ma pièce. Je ne comprenais pas cependant pourquoi Billy l'appelait Patty Malone. Le frère décédé de Tex était appelé Pat, mais leur nom de famille n'était pas Malone.

Plus tard ce matin-là, j'appelai Tex.

« Billy est venu me voir au milieu de la nuit et a amené ton frère Pat avec lui. »

« Vraiment? »

« Et Billy m'a donné une lettre pour toi. C'est Billy, ton frère et tous les gens qui t'aiment de l'autre côté qui l'ont écrite. »

« Oh, mon Dieu! »

« Pour une raison qui m'est inconnue, Billy a mentionné le nom de Patty Malone. Mais c'est un nom irlandais et ta famille est française, n'est-ce pas ? »

« Nous y voilà une fois de plus, dit Tex en riant. Billy fait encore des siennes. Malone n'est pas mon nom, mais ma mère était irlandaise – elle s'appelait Malone. Et son père, qui était bien sûr mon grand-père, s'appelait Patty Malone. La lettre doit donc venir de mon frère Pat et aussi de mon grand-père. C'est extraordinaire ! Envoie-la-moi tout de suite par e-mail. »

J'hésitais. Tex avait presque toujours un verre dans une main et une cigarette dans l'autre, bien que je ne l'aie jamais vue ivre. J'étais certaine que le sujet de son alcoolisme était zone interdite, mais je continuai sur ma lancée.

« Écoute, Tex. Je dois te le dire, la lettre parle de ton addiction à l'alcool. »

Tex resta silencieuse. Je sentis un froid glacial à l'autre bout de la ligne.

Il était définitivement temps de raccrocher. Je lui envoyai malgré tout la lettre de Billy par e-mail.

J'espérais que cela n'allait pas mettre un terme à notre amitié.

CHAPITRE 23

Le son cosmique

Juste avant Thanksgiving, je reçus enfin le carton défoncé qui contenait les possessions de Billy. Il était resté dans la salle d'exposition du négociant en Mercedes depuis la mort de Billy, dix mois auparavant. Billy avait vécu dans sa vieille Mercedes jusqu'à ce qu'il l'emboutisse une semaine avant sa mort. Tout ce qu'il avait dans cette voiture était maintenant à l'intérieur de ce carton déchiré de 48 × 33 × 25 cm sur lequel avaient été barbouillés les mots : « Ne pas toucher » avec un marqueur noir.

Je posai la boîte près de la cheminée, juste sous les cendres de Billy. Je n'étais pas encore prête pour l'ouvrir. Cela me rappellerait l'ancien Billy, celui qui se défonçait, qui devait vivre dans sa voiture qu'il avait écrasée contre un arbre, qui aurait pu tuer quelqu'un. Toutefois, j'étais curieuse. Qu'y avait-il dans ce carton, que l'autre Billy voulait que je prenne?

Le matin de Thanksgiving...

Pourquoi n'ouvrirais-tu pas le carton à Noël? Ce n'est que dans un mois. Tu te réveilleras dans une neige magnifique et ce sera mon cadeau.

Quand je te parle, tu entends la même voix qui te parle dans la langue que tu as toujours entendue. J'utilise ma voix de Billy pour toi, Princesse. Nous n'avons pas besoin de mots là où je suis. Joseph et moi utilisons la télépathie pour entendre les pensées de chacun. Ce ne sont pas vraiment des pensées. C'est bien plus merveilleux que les pensées. Ces mieux-que-des-pensées sont semblables à des symphonies si mélodieuses que tu ne peux même pas en imaginer la beauté.

Sur la terre, les gens disent des choses pour différentes raisons. Ils sont parfois sincères dans leurs paroles, et parfois non. Ici, il n'y a aucun faux-semblant ou mensonge. Il n'y a ni compétition ni ressentiment. Ici, nos communications télépathiques nous remplissent l'un et l'autre de beauté.

En parlant de télépathie, je sais que tu te demandes quelquefois s'il y a de la musique ici. Il existe tant de clichés représentant des anges qui chantent et jouent de la harpe, et tu es curieuse de savoir si ces idées sont vraies. Eh bien, encore une fois, je ne peux parler que pour moi. Il n'y a pas vraiment ce genre de choses là où je suis. Ici, l'atmosphère est emplie de sons doux et ambiants. Je ne les ai pas analysés, j'y ai juste pris plaisir, mais je vais faire une petite analyse pour toi.

Il y a une brume constante en arrière-plan, qui me rappelle les sons naturels de la terre, comme le vent, la pluie ou les vagues de l'océan. C'est cependant plus musical, et je suis donc persuadé que c'est créé par des instruments particuliers. Les sons mélancoliques résonnent comme des violons, violoncelles, cornes ou harpes. Il y a aussi du rythme ici, mais il n'est pas stable. C'est une pulsation qui change constamment.

Récemment, j'ai commencé à observer cette brume éclater en une petite mélodie, puis cette mélodie disparaître rapidement. Ce phénomène arrive de plus en plus, et je ne peux affirmer si c'est le son qui change ou ma capacité à l'entendre.

Au fait, si tu pouvais t'y brancher, tu entendrais ces sons cosmiques à l'endroit exact où tu te trouves actuellement, parce qu'ils existent partout. Cependant, tu ne peux les entendre avec tes oreilles ordinaires, mais avec tes oreilles spirituelles. Même si tes oreilles ordinaires pouvaient entendre la musique, elles seraient trop occupées à écouter des centaines de millions d'autres choses. Tes oreilles spirituelles intérieures pourraient les entendre, mais elles sont aussi trop occupées à écouter les centaines de millions de pensées différentes.

Il est dit qu'une image vaut mille mots, mais dans ce cas, au lieu d'une image, je te propose le fichier sur iTunes. Certaines musiques écrites par le compositeur Sibelius te donnent une idée de ce son cosmique. Sibelius était sans aucun doute branché sur une dimension supérieure. Je ne parle pas de ses morceaux les plus noirs, mais télécharge sa musique du Cygne et observe comment les renflements du son éclatent en mélodies. Cela te donnera une idée de ce que j'entends, sauf que ce que j'entends est infiniment plus léger et plus sublime.

Et parfois, petite sœur, de temps en temps, j'entends une voix, une voix féminine distante qui chante dans une langue que je n'ai jamais entendue et que je ne comprends pas. Cette voix ressemble à ce que j'imagine être le chant d'une sirène, sauf qu'elle ne pourrait pas appartenir à une soi-disant sirène qui trompe les hommes et les mène à la mort puisque, comme tu le sais, je suis mort depuis un certain temps [rires]. *Ce chant est si intoxicant que, quand je l'entends, j'en veux encore. Je n'ai pas l'habitude de vouloir quelque chose, mais je t'assure que personne ne pourrait s'empêcher de désirer cette voix.*

Musique du *Cygne*? Sibelius? J'avais entendu parler du compositeur mais ne connaissais rien de sa musique.

J'allai sur iTunes, tapai « Sibelius », trouvai un morceau intitulé *Le Cygne de Tuonela*, et le téléchargeai. Les mélodies s'élevèrent d'une brume de son à l'atmosphère légère, comme la musique céleste que Billy avait décrite.

Il s'avéra que le cygne de Tuonela était une légende finlandaise. Le cygne sacré blanc nage dans la rivière Tuonela mystique et sombre, qui sépare ce monde du suivant. C'était le même rôle que m'avait assigné Billy: naviguer sur les eaux entre les dimensions.

J'envoyai la musique par e-mail à Guru Guy, accompagnée des notes de Billy. Il me renvoya un article sur Sibelius qui avait été édité dans le magazine *New Yorker*, pour célébrer le cinquantième anniversaire de la mort du compositeur.

L'article disait que Sibelius pensait qu'une partie de sa musique venait d'une source divine. Il révélait aussi qu'il avait été alcoolique. Peut-être son addiction avait-elle joué un rôle essentiel dans ce qu'il était, tout comme pour Billy. Aurait-il été le même génie sans cela? Qui peut dire qu'il en serait allé autrement – pour l'un ou pour l'autre?

CHAPITRE 24

Le carton de Billy

Comme l'avait promis Billy, il neigea à Noël. J'allumai un feu et, à ce moment-là, l'effet Billy illumina la pièce.

Joyeux Noël, Annie. La clé que tu trouveras dans le carton est un symbole des clés de la vie que je t'aide à découvrir. T'ai-je déjà dit combien ta maison était avenante ? Je n'avais pas de maison à la fin. Il est dit que la maison est l'endroit où réside le cœur.

La première chose que je sortis du carton fut une boîte en fer bleue vide, sur laquelle était inscrit le mot « Maison » et peint un cygne. *Le Cygne de Tuonela* de Sibelius ?

Puis vint une longue-vue.

En honneur à ton rôle de Sherlock Holmes du monde de l'au-delà, plaisanta Billy.

Le carton contenait des photos encadrées et des albums photo de la vie de Billy avant le Venezuela. Il y avait aussi plusieurs enveloppes remplies de photographies le représentant à Margarita : Billy avec des femmes différentes, Billy dans l'eau, Billy sur la plage, souriant et s'amusant.

Les choses ne semblent pas avoir été si terribles pour moi, n'est-ce pas ? Je passais parfois de très bons moments là-bas, à Margarita. Pas très sérieux, hein ?

Nous examinions les objets ensemble, et en discutions. Même si Billy était quelque part dans l'Univers, il était aussi dans la pièce avec moi.

Il y avait des CD et quelques livres : *Sabbath's Theater* de Philip Roth, *The Language of the Heart* de Bill W., le créateur des AA, et *Living Each Day* de Rabbi Twerski. Sous les livres, je trouvai quatre vieux carnets à spirales tout abîmés. C'étaient les journaux de Billy.

« Tu tenais des journaux ? Puis-je les lire ? »

Je te les ai donnés, pas vrai ?

Dans le fond du carton de Billy, cachés dans un coin, se trouvaient un cœur de quartz rose, un pilulier de nacre, la clé dont parlait Billy, et deux pièces des Alcooliques anonymes.

La pièce d'or vient de White Deer Run. Ma meilleure expérience de réinsertion. Je suis resté sur le bon chemin pendant huit ans après cela.

L'autre pièce était en argent. Il y avait une croix dessus, et ces mots : *« N'eût été la grâce de Dieu. »*

Mon mantra quand j'étais en vie.

Alors que je parcourais les possessions de Billy, Tex appela.

«Annie, je pense que je vais partir en Arizona pendant un mois. Aux alentours de janvier.»

«Ce sera de longues et merveilleuses vacances.»

«Ce ne sont pas vraiment des vacances. Je caresse l'idée de suivre une désintoxication.»

Je fus surprise; Tex n'avait jamais abordé avec moi le fait qu'elle pensait avoir un problème. Des mois plus tôt, quand je lui avais parlé du contenu de la lettre de Billy, elle s'était figée. Je n'avais jamais reparlé de cela avec elle.

«Qu'en penses-tu Annie? Est-ce une bonne idée?»

«Une merveilleuse idée.»

Je mis la clé, le cœur, le pilulier et les deux pièces AA dans le tiroir de ma table de nuit. Je gardai les journaux dans un panier près du canapé de mon salon. Comme le carton d'où ils venaient, ils me rappelaient l'ancien Billy et j'avais peur de les lire. Au bout d'une semaine, je pris un journal avec une couverture violette et l'ouvris au hasard. Je lus:

«Tandis que croît le jardin à l'intérieur de toi, arrose les fleurs et n'oublie pas que le sable du travail spirituel n'est autre que le sable dans l'huître qui fabrique la perle. C'est le caractère irritant qui fait la perle.»

Certainement pas! Comment cela serait-il possible? Je continuai la lecture.

«Je te remercie pour cette merveilleuse vie que tu m'as donnée avec tous les ralentisseurs, avec tout le sable. Je suis maintenant prêt à écrire mon livre. »

Sable ? Irritant ? Perle ? Livre ? Ce n'est pas possible.

Lentement, au cours du mois qui suivit, je décodai l'écriture presque illisible de Billy. Je lus tout ce qui concernait ses combats, ses moments les plus sombres, ses aspirations et son intimité avec Dieu :

« Je cherche désespérément à m'améliorer, mais en fait, c'est secondaire pour moi. Le plus important, c'est Dieu, parce qu'aucun humain n'aurait pu, seul, me sortir du Venezuela et m'aider à guérir. Tout le bien, tout cela, a été l'action de Dieu. Je t'aime, Dieu. Je t'en prie, ne m'abandonne jamais. »

***

« J'aimerais être un guide et aider les autres à nettoyer leur miroir pour qu'il reflète mieux leur vie ; utiliser quelques mots merveilleux qui pourraient jouer un rôle crucial dans leur vie, les maintenir dans l'amour de Dieu, et les aider à se sentir mieux dans les difficultés. Je suis peut-être un drogué, mais je suis également sensible, attentionné, intuitif, intelligent et sage. Montre-moi comment apporter ces notions au monde. »

***

« C'est comme cela que j'apporterai mon aide. Je serai écrivain et j'écrirai un livre. Celui-ci ne sera pas d'une nature intellectuelle parce que la vie et ses accomplissements sont spirituels. Je veux aussi apporter le rire dans le monde. Dans mon livre, je ne mentionnerai que des choses qui peuvent aider, et ne vendrai pas aux gens quelque chose qui pourrait ou ne pourrait pas être vrai. Mon livre sera écrit. Je le ferai. C'est dans tes mains, Dieu. Avec amour, Billy. »

***

« Cher Dieu. Le temps passant, je sais qu'il n'en reste pas beaucoup. Je me tiens à un tournant et la seule chose qu'il me reste à faire est de m'abandonner à ta grande sagesse et à ta puissance. Je suis trop âgé pour écouter quiconque – oh oui. Je pourrais écouter quelqu'un, mais je ne le ferai pas, car je sais que les rêves et les victoires pour lesquels j'ai travaillé tendent vers le bien, pas vers le mal. Le seul qui sait cela, c'est toi, Dieu. Et je pense que ce doit être tout ce qui importe. Avec amour. Billy Fingers. »

Parcourir les journaux de Billy déclencha en moi un tourbillon d'émotions. Pour me remonter le moral, Billy jouait au jeu de cache-cache cosmique. Il me contactait par la télépathie. Quand mon environnement devenait lumineux et plus animé, je savais qu'il était tout près. Je me mis aussi à l'appeler silencieusement pour voir s'il répondrait. Il ne le faisait pas toujours, mais cela faisait partie du jeu, apprendre à reconnaître quand il était présent et quand il ne l'était pas.

CHAPITRE 25

Tex

Un après-midi venteux de la mi-janvier, presque un an après la mort de Billy, celui-ci vint me rendre visite alors que je m'habillais.

Tex partira en désintoxication dans quelques jours, et je sais que tu as pensé qu'au moment où tu lui dirais au revoir, tu aimerais lui donner quelque chose de significatif.

Pour tout dire, je garde un œil sur Tex depuis le début. C'est l'une de tes amies préférées, et je le comprends. Tex est une gemme rare, au cœur magique. Quand tu l'as rencontrée, elle prenait soin de sa mère malade. Cet épisode se poursuivit durant des années. Tex a toujours aimé le scotch, mais au moment où sa mère est morte, elle buvait bien plus que ne le soupçonnaient ses proches, y compris elle-même. Puis elle commença par consommer des pilules avec son scotch avant d'aller dormir. Un matin – un matin qui heureusement n'est jamais venu –, Tex aurait pu ne jamais se réveiller.

Ce n'est pas par hasard que Tex est témoin de la création de ce livre et que de nombreuses preuves la concernent directement. J'avais besoin de sa confiance. Tu vois, Tex a commencé à communiquer avec moi juste après que tu lui as parlé de mes visites. Elle n'imaginait pas alors ce qui lui était réservé. Elle ne savait rien du cadeau spécial qui allait se présenter sur sa route.

La lettre que j'ai envoyée à Tex – eh bien, cette lettre, elle l'a bien lue, même si elle ne te l'a jamais dit. Tu pourrais dire que son frère Pat et moi sommes intervenus du monde de l'au-delà. Nous n'avons cessé de murmurer à son oreille, de stimuler sa force, de l'inciter à retirer le coton de ses oreilles et le masque de ses yeux. Elle est vraiment douée pour sauver les autres, mais pas du tout pour se sauver elle-même.

Je pense que le temps est venu de donner à Tex la pièce que je lui ai promise, qu'en penses-tu ? C'est la pièce AA de White Deer Run qui est arrivée dans mon carton. Elle est actuellement dans ton tiroir. Tu peux aussi lui donner l'une de mes photos qui l'accompagnent.

Il y a maintenant presque un an, avant l'arrivée de cette pièce dans mon carton, avant que Tex n'admette qu'elle avait un problème, à cette époque, je t'avais dit que je voulais donner une pièce à Tex et voilà, la bonne pièce est apparue juste au bon moment.

L'influence de l'au-delà et la pièce vont-elles changer sa vie ? Seule Tex peut répondre à cette question.

Tex et moi nous dîmes au revoir à Starbucks devant une tasse de café.

« Billy m'a finalement dit quelle pièce te donner », dis-je. Je posai la pièce de White Deer Run sur la table devant elle.

Tex la ramassa et l'examina.

« C'est une pièce de la douzième étape des AA, dis-je. Je l'ai trouvée en ouvrant le carton de Billy. Il m'a dit que c'était pour toi, il y a à peine une heure. »

Tex semblait bouleversée. Elle avait du mal à parler. La pièce lui donnait l'impression que son départ en désintoxication était prédestiné et que Billy faisait partie de ce destin. Quand je lui donnai la photo de Billy, elle dit : « Je pense que j'en aurai besoin. »

Aujourd'hui, Tex fume encore, boit toujours du café noir, mais n'a jamais de verre d'alcool dans les mains.

CHAPITRE 26

La pièce de la grâce

Après avoir donné la pièce à Tex, je me réveillai en pensant aux mots inscrits sur la deuxième pièce que j'avais trouvée dans le carton de Billy : « *Voilà où j'aurais pu finir… n'eût été la grâce de Dieu.* » Si la pièce de Tex était importante, j'imaginais que l'autre devait l'être aussi.

Je savais que cette phrase était censée exprimer la compassion. Mais n'impliquait-elle pas aussi l'idée de : « Oh, je suis désolé que cela t'arrive, mais je suis bien content que ce ne soit pas à moi ? » Comment une personne à qui s'adressent ces mots serait-elle censée réagir ? Cela signifie-t-il que Dieu m'aime davantage ? Quelle sorte de message Billy cherchait-il à m'apporter ?

Alors que j'étais allongée sur le lit, en train de philosopher sur le sens de cette phrase, Billy me dit de regarder la pièce en question. Je ne l'avais pas sortie de mon tiroir depuis que je l'y avais mise.

Les mots écrits sur la pièce n'étaient pas ceux que j'avais en tête. Il était simplement écrit : *N'eût été la grâce de Dieu.*

Les mots sont les mots, et la sagesse dépasse les mots, mais les gens en ont besoin pour que leur esprit puisse s'y accrocher et leur montrer la voie au-delà des mots.

Voilà, qu'est-il vraiment inscrit sur la pièce ? Simplement : « N'eût été la grâce de Dieu. » C'est tout, rien de plus. Enlever cinq petits mots donne un sens complètement différent. Le dicton que tu pensais te rappeler avoir vu, avec ces mots supplémentaires, est un message déterminant, mais légèrement troublant.

Le message de la pièce que je t'ai laissée – je l'appellerai la pièce de la grâce – est quelque chose de complètement différent. Le facteur grâce lui-même, le fait que la situation pourrait être bien plus difficile, n'eût été la grâce, est une tout autre question. La pièce a pour but de te faire prendre conscience du facteur grâce.

N'eût été la grâce de Dieu… qu'est-ce que j'aurais, ou ressentirais, ou ferais, ou serais ?

N'eût été la grâce de Dieu… dans quelle mesure chacun des moments de notre vie pourrait-il nous arriver ?

N'eût été la grâce de Dieu… je ne serais jamais en train de te parler actuellement, Annie. Je ne serais jamais capable de dire merci – merci de m'aimer autant.

Et pourquoi certains semblent-ils recevoir davantage de grâce que d'autres ? Oups, tu pensais que nous pourrions laisser de côté cette question très épineuse.

Voici un autre secret pour toi, ma sœur. Tu ne peux jamais évaluer l'état de grâce d'un autre. Tu peux essayer de te mettre à sa place, mais ce ne sera jamais dans les conditions réelles, la vraie condition, la condition de l'âme. La seule vie que tu peux expérimenter intimement est la tienne. Tout le reste n'est que des bruits de couloir. Ne suppose jamais que quelqu'un a de la chance ou n'en a pas, simplement en fonction de la manière dont se présentent les choses. La chance ou la malchance n'est qu'une manière humaine d'estimation. Je peux en témoigner.

Les gens n'expérimentent généralement pas la grâce tant qu'elle ne les frappe à la tête, sous la forme d'un grand miracle. Ils ne sont pas branchés sur les petits miracles incessants qui se tissent dans leur vie quotidienne ; des miracles comme celui de respirer ou de voir, d'entendre ou de marcher, de parler, de penser ou d'être capable de ressentir. C'est pourquoi tant de chemins spirituels insistent sur le concept de gratitude. Il t'aide à remarquer la grâce de ta vie.

J'ai toujours trouvé le fait de dire « merci » bien plus utile qu'essayer d'être reconnaissant. Il est bien plus facile de dire un mot que d'essayer de t'efforcer à ressentir quelque chose que tu ne ressens pas.

« Merci » est un message supérieur, sans doute le message le plus curatif de tous. « Merci » t'aligne sur la grâce qui vient de l'Univers de l'âme.

Ce soir-là, j'avais rendez-vous avec mon ami et producteur de musique pour dîner en ville. Comme j'étais en route dans le taxi, Billy me dit que je devais m'attendre à recevoir une preuve au cours du dîner.

Alors que l'on servait le plat de résistance, Billy me murmura à l'oreille : *La voilà.* Mon ami mentionna alors qu'en chemin pour le restaurant, il avait donné de l'argent à un sans-abri assis sur le trottoir. Il ajouta : « N'eût été la grâce de Dieu. »

CHAPITRE 27

Le Ruisseau de la Vie

La pièce d'argent de la grâce était crasseuse et cabossée. En la lavant et en la polissant, je me souvins de l'époque où, alors que j'avais six ans, mon père me donnait une pièce d'argent d'un dollar chaque vendredi soir. Je gardais ces trésors dans une boîte à chaussures argentée sur le dessus de laquelle mon père avait découpé une fente. J'économisais pour faire un voyage à Paris. Quand j'atteignis la somme de cent vingt-neuf dollars, toutes les pièces disparurent, en même temps que Billy. Je pleurai dans les bras de papa sur la perte de mes pièces, la perte de Paris, la perte de mon frère. La pièce de la grâce me donna l'impression que Billy m'avait rendu mes dollars en argent sous forme de bénédictions.

Pourtant, quand arriva l'année anniversaire de la mort de Billy, je fus surprise de constater combien j'étais triste. Quant à Billy, il participait à une fête.

J'ai terminé de relire mon Livre de Vie et je suis en route vers une nouvelle phase. J'utilise le mot « terminé » pour que tu comprennes. Ce n'est pas vraiment ainsi. Ici, chaque moment se déverse dans le suivant, et tu te retrouves donc dans cette sensation « d'éternité ».

Comme d'habitude, je me suis réveillé du passe-temps agréable qui consiste à devenir l'Univers pour me retrouver à nouveau dans mon corps de lumière. À propos, je n'ai jamais confondu mon corps avec mon « moi » comme le font les gens sur terre. Je suppose que cela a quelque chose à voir avec la facilité avec laquelle je m'y faufile et m'en échappe.

Quoi qu'il en soit, quand je me suis réveillé, j'étais assis jambes croisées près d'un cours d'eau magique. Ce ruisseau est si long qu'il semble n'avoir pas de fin. Mais étant donné qu'il n'est pas très large, peut-être quelques mètres, je n'avais aucune difficulté à voir mon cher Joseph assis de l'autre côté.

Ce n'est pas un ruisseau au sens habituel du mot. Il n'a rien à voir avec l'eau. C'est au flux que je me réfère ici. Ce courant est constitué de vaguelettes de lumières brillantes : violet, rouge, jaune, orange, vert et bleu. Ces couleurs se détachent clairement parce que ce ruisseau est le seul élément de ce lieu, et que tout autour de moi, l'atmosphère est d'un noir ténébreux.

La particularité de ce ruisseau, c'est qu'il se meut dans un flux de sons enchantés. Si je devais faire une comparaison, je dirais que c'est un mélange de carillon électrique et du son étouffé et grave d'un gong. Cependant, cette description omet la partie la plus cruciale, la caractéristique la plus importante de ce ruisseau : son effet mystique.

Si tu pouvais entendre le ruisseau, ma chère sœur, ne serait-ce qu'une seconde, tu ne pourrais probablement jamais plus ressentir de la peur ou de la colère, ni même du chagrin. C'est peut-être la raison pour laquelle tu ne peux pas l'entendre. L'expérience terrestre est censée exprimer toutes sortes d'émotions, et c'est bien. Il doit d'ailleurs en être ainsi.

En m'asseyant près du ruisseau, je n'avais aucune idée de ce qui allait arriver ou de ce que j'étais censé faire. Cette fois encore, Joseph ne m'a pas guidé, et c'est merveilleux ! Je n'ai jamais aimé que les gens me dictent ce que je devais faire, surtout que la plupart du temps, ils me disaient que ce que je faisais était mal. À propos, il est impossible de faire quelque chose de mal ici. Cela n'existe pas. Joseph est mon guide, pas mon juge.

Je commençai donc par m'asseoir et regarder les vagues de couleurs brillantes monter et descendre. Toutefois, il ne fallut pas beaucoup de temps avant que je ne ferme les yeux, submergé par le son surnaturel du ruisseau. Il me fit descendre plus profondément en moi, jusqu'à ce que plus rien n'existe, excepté ce son. Puis quelque chose se passa, que je vais essayer humblement de décrire.

Tandis que le son du ruisseau s'intensifiait, il m'intoxiquait de plus en plus. Comprends que, dans cette dimension, ma sensation de moment-à-moment est déjà beaucoup plus aiguë que tout ce que tu peux imaginer. Le Ruisseau de la Vie multipliait mon facteur d'extase naturel.

Bientôt, mon sens du « moi » commença à se dissoudre. Comme le ruisseau, je devins moi-même des vaguelettes de couleurs arc-en-ciel carillonnantes, coulant dans l'éternité. Pour utiliser une expression actuelle, c'était très psychédélique. Puis, issue de quelque proximité encore inconnue à l'intérieur de moi, je commençai à entendre cette musique incroyablement époustouflante. Au début, je n'entendais que quelques notes à la fois. Ce n'étaient pas des notes ordinaires, cependant ; elles avaient la douceur que tu pourrais attribuer en imagination à la voix d'un ange, bien que ce ne soient pas des voix. Les intonations étaient lentes et se mêlaient les unes aux autres. Puis les notes commencèrent à s'enchaîner pour former ces mélodies, des mélodies sacrées qui ont toujours été là, un secret que mon âme m'avait dissimulé jusqu'à ce moment.

Ensuite, de manière complètement inattendue, l'expérience devint sensuelle. J'eus des sensations physiques que je n'avais plus ressenties depuis ma vie sur terre. Je jouissais à nouveau de ce genre de plaisir particulier : l'intimité, la chaleur d'avoir un corps, le corps qui était le mien quand je vivais sur terre. Mais je tirais le meilleur profit d'être en vie et le multipliais à l'infini ; en m'asseyant près du Ruisseau de la Vie, je me sentis encore mieux.

Cette sensualité ne m'a cependant pas empêché d'être en vie. Pas du tout. Le mystère de la vie dans la chair – la satisfaction particulière dont jouit l'âme quand elle est incarnée – m'était révélé. C'est juste pour le ravissement, l'enchantement des différences, les différentes sortes de plaisirs et même la souffrance.

Qu'est ce Ruisseau ? Je n'en suis pas sûr. Peut-être est-ce le souffle de la Source suprême ? Je ne peux pas l'affirmer. Mais ce que je peux dire, ma petite chérie, c'est que, à un certain moment dans le grand océan de l'existence, ta propre âme s'assiéra dans la présence du Ruisseau de la Vie et fusionnera avec lui. Et tandis que tu entendras tes propres mélodies, le mystère extatique qu'est la vie te sera aussi révélé.

Bien que je n'entende aucune mélodie tandis que Billy me parlait du Ruisseau de la Vie, ma respiration devint aussi suave que du chèvrefeuille et des ondes de plaisir circulèrent le long de ma colonne vertébrale. Savourant ces sensations, mais consciente qu'elles ne dureraient pas, je demandai à Billy de me révéler le secret du bonheur.

De même que le Ruisseau de la Vie peut accroître mon intoxication, le plaisir peut accroître ta joie. Les gens passent beaucoup de temps à des choses qui ne les rendent pas heureux – se focalisent trop sur le sable dans l'huître. Pour cultiver la joie, porte ton attention sur ce que tu aimes.

CHAPITRE 28

L'Écriture sacrée

Je commençais à m'exercer à la recette du bonheur de Billy. Les choses que j'aimais n'étaient pas nécessairement de grandes choses. Je m'attardais sur ma tasse de thé Oolong du matin, prenant plaisir à sa chaleur dans ma main. J'achetais un bouquet de lys en passant près d'un fleuriste, diffusais la musique de John Coltrane tout en préparant le déjeuner, fredonnais des chansons en faisant la queue dans un magasin, me concentrais sur ce que j'aimais le plus sur le visage des gens.

Porter mon attention sur ce que j'aimais devint une pratique spirituelle. Le vent salé sur ma peau. Les cris des mouettes. Le goût du chocolat, le parfum français, les anémones écarlates, le ronronnement de mes chats. Très vite, je me sentis plus heureuse ; je n'avais tout simplement pas fait attention.

Bientôt, Billy eut d'autres choses à ajouter concernant le plaisir.

Je reçois actuellement le plus grand cadeau de mon voyage jusqu'ici. Je reçois mon Écriture sacrée. Cette écriture n'a rien à voir avec le genre de leçons que les gens sur terre pensent apprendre. Il ne s'agit pas de qui a fait cela à qui, ni de si tu as été « bon » ou « mauvais ». En fait, cela n'a absolument rien à voir avec tes actes.

Cette écriture me permet de faire mûrir les mérites de ma vie. Nous recevons tous des récompenses de la vie que nous avons vécue. Peu importe à quoi elle ressemblait en surface, chaque vie est précieuse à un point que tu ne peux même pas imaginer ou comprendre quand tu es en vie. Chaque vie est un cadeau. Remarque que je n'emploie pas le mot « opportunité » parce que cela voudrait dire que tu peux réussir ou rater. Au-delà du concept de réussite ou d'échec, il y a la vibration.

La vibration ne peut se traduire en mots. C'est le langage de la musique. Les scientifiques qui étudient la théorie des cordes s'en rapprochent. L'Écriture sacrée de la vie de chacun est un écoulement symphonique de la lumière invisible de la Source paradisiaque, si tu vois où je veux en venir [rires].

Chaque personne est un instrument du Divin, composant des symphonies cosmiques quand il est sur terre. Certaines musiques sont mélodieuses, d'autres discordantes, certaines sont brillantes et enjouées, d'autres sont lentes et mélancoliques. Peu importe. Chaque pièce fera partie de ta propre sérénade dans l'au-delà. Tous tes efforts, tes hauts et tes bas, seront une tonalité mystique que tu fredonnais sans t'en rendre compte. Peut-être partager ce qui m'est arrivé dans ce monde t'aidera-t-il à ressentir ta musique.

Je rencontre Joseph à l'intérieur d'un nuage de poussière multicolore où naissent des étoiles. Les astronomes qui étudient le ciel ne pourraient jamais deviner qu'ils regardent des lieux où ils viendront habiter un jour. Ils n'auront alors pas besoin de télescopes, de fusées ou d'instruments. Cela arrivera naturellement.

Joseph et moi flottons côte à côte au milieu de la poussière d'étoile, tandis que des ondes de lumière colorée descendent sur nous. Et, Annie, il n'est pas possible d'exprimer avec précision ce qui se passe ensuite, mais je vais essayer.

Quand les lumières me touchent, elles se transforment en mélodies. Ces mélodies sont évocatrices ; elles font sortir des choses du plus profond de moi. Elles font sortir des souvenirs. Pas des souvenirs de type terrestre. La musique éveille une nouvelle sorte de mémoire. Le bruit et la statique du monde ont disparu, et je ne me rappelle que de l'âme de ce qui est arrivé quand j'étais en vie. Je vis dans l'innocence et la révérence du cœur même de la vie.

Le quotidien est devenu le miracle ; l'ordinaire, l'extraordinaire. Par exemple, se réveiller : j'expérimente tous les changements qui se font en moi quand je passe du monde du rêve à la vie éveillée. Je ne pense pas avoir déjà vraiment ressenti la grandeur du moment du réveil ou de l'endormissement, ou celle de prendre une inspiration ou de rire, pleurer, chanter, danser, ou faire l'amour.

Ces souvenirs portent la gloire flottante, le doux nectar qui est maintenant le cadeau du Divin à mon âme. Ils explosent en moi sans but de création, dans l'intense désir de l'invisible de devenir le fruit et le nectar. À l'intérieur de cette musique, je deviens l'essence au cœur de la félicité.

Dans mon propre état de félicité terrestre, j'allai vérifier ma boîte aux lettres. J'y trouvai l'enveloppe que j'attendais. Après plus d'un an, la compagnie d'assurance du chauffeur qui avait heurté Billy m'envoyait dix mille dollars pour l'accident qui avait mis fin à la vie de mon frère. Une fois que j'aurais réglé ses dettes, il me resterait quelques milliers de dollars. Je pensais m'acheter une bague qui me rappellerait Billy. Cependant, ce dernier avait un autre plan. Quand je pris le reste de la somme dans l'enveloppe, il me murmura : *Va en Jamaïque*.

Billy avait un jour vécu là-bas et avait beaucoup apprécié. Tandis que j'envisageais la sensation du soleil et des bains dans l'eau bleue et chaude, une idée me vint. Je pourrais apporter les cendres de Billy en Jamaïque et les éparpiller dans l'endroit du monde qu'il préférait, Dunn's River Falls. Répandre ses restes dans les eaux chaudes des cascades, où les gens viennent s'amuser chaque jour, me semblait parfait, mis à part un détail.

Quinze ans plus tôt, la seule fois où j'avais visité la Jamaïque, je m'étais rendue à Dunn's River. Ce fut un horrible voyage. Après une traversée en bateau extrêmement angoissante, incluant un moteur en panne et la peur d'être perdue en mer, j'arrivai aux cascades, éreintée et exténuée, si tremblante que je pouvais tout juste me tenir debout.

Je m'étais attendue à une agréable cascade tombant dans une mare limpide, entourée des fleurs éclatantes de la jungle. Au lieu de cela, je me retrouvai au pied d'une cascade monstrueuse de presque 200 mètres qui s'écrasait sur des rochers escarpés, déchiquetés et glissants. Je ne suis pas particulièrement sportive, et escalader ces surfaces rocailleuses sur lesquelles l'eau jaillissait me semblait insane. J'avais donc décidé de grimper le long escalier de bois sale qui longeait la cascade, et une fois arrivée au sommet, je pris un taxi pour retourner à l'hôtel.

La perspective d'escalader la cascade pour offrir des funérailles adéquates à Billy était une tout autre affaire. Aucun obstacle ne me paraissait insurmontable. Je grimperai en son honneur, et jetterai ses cendres en arrivant en haut.

CHAPITRE 29

Les funérailles

En mars, je quittai le monde gris et glacial de Long Island et m'envolai pour la Jamaïque. Dès mon arrivée à l'aéroport de Montego Bay, l'effet Billy se fit sentir. Billy et moi étions différents quand il s'agissait de voyager. Il était extraverti et chaleureux ; je me livrais peu. Mais ce voyage fut tout autre ; dès que mes pieds touchèrent le sol de la Jamaïque, j'eus l'impression que tout le monde m'aimait et que ce sentiment était réciproque.

Je déballai mes affaires et posai la pochette de soie rouge qui contenait les cendres de Billy sur une étagère de l'armoire de mon hôtel. Le quatrième matin de mon voyage, Billy me réveilla.

Aujourd'hui est un bon jour pour des funérailles. Je te bénis comme tu le fais pour moi. Le fait de jeter mes restes dans les cascades de Dunn's River Falls m'apportera ton amour, surtout que ta dernière visite ici ne s'était pas très bien passée [rires].

Et, bien que tu connaisses les difficultés qui t'attendent, et envisages même que ce soit impossible, tu es déterminée à jeter mes cendres dans ces eaux. Je veux que tu saches que, quand tu répandras mes restes dans la cascade, je le sentirai, Annie. Je sentirai l'amour derrière ce geste.

Je sais que tu tiens absolument à le faire, mais je veux que tu saches que ce n'est pas grave si tu n'arrives pas au sommet de la cascade. Je répète, escalader la cascade n'est pas nécessaire. Aucune obligation. D'accord?

Aujourd'hui, durant mes funérailles, il y aura un signe. Et après les funérailles, tu recevras une bénédiction. J'en ai assez dit.

Billy m'avait laissée dans une humeur joyeuse. Pour la première fois de ma vie, je lui demandai quelque chose de spécifique. J'avais l'intention de louer un guide privé qui m'emmènerait en haut de la cascade.

« Peux-tu faire quelque chose de spécial concernant mon guide? Peut-être pourrait-il s'appeler William en ton honneur? »

Billy ne dit rien. Je lui demandai alors si je devrais laisser mon bracelet de perles argentées à l'hôtel pour éviter de le perdre. J'adorais ce bracelet; il avait appartenu à mon professeur de méditation. Je l'avais toujours au poignet.

Si la cascade emporte ton bracelet, ce sera positif, fut tout ce que dit Billy.

Je mis la pochette de soie rouge dans un petit sac à dos et pris un taxi pour Dunn's River. La première chose que je vis fut un arbre banian dont la hauteur pouvait atteindre six étages. Tex avait écrit une histoire sur un banian et je voulais vraiment en voir un, un jour.

« Ce doit être le signe dont parlait Billy », pensai-je.

Je louai des chaussures de randonnée spécifiques, puis suivis les flèches jusqu'à la hutte où attendaient les guides privés. Environ une douzaine d'hommes en tee-shirt rouge étaient assis, mangeant, fumant, jouant aux cartes, attendant du travail. L'un d'eux se tenait seul dans un coin, observant fixement l'horizon, l'air découragé. La femme responsable se tourna vers lui et lui dit quelque chose que je ne pus entendre. Le guide la regarda, secoua la tête et partit. En une fraction de seconde, je vis son visage ; quelque chose en lui me rappelait Billy.

« Excusez-moi. Pouvez-vous venir, s'il vous plaît ? »

L'homme s'approcha à contrecœur. Son nom était imprimé en lettres noires sur le devant de son tee-shirt. C'était Willie, ce qui se rapprochait beaucoup de « William ». Et, bien qu'il soit évident que ce guide désirait qu'on le laisse tranquille, je dis : « Willie, vous êtes celui qu'il me faut. Je le sais. »

Je le pris à part. « Mon frère est mort il y a environ un an et je lui offre des funérailles aujourd'hui. Il adorait la Jamaïque et cette cascade. Je veux verser ses cendres dans l'eau, puis escalader la cascade en son honneur. »

Ma demande capta son attention.

« Je ne suis pas du tout douée pour ce genre de choses, je suis probablement la pire des grimpeuses que vous ayez jamais eues. J'ai peur de glisser et de me tuer. J'ai besoin de quelqu'un de particulier pour m'aider. »

Un changement se fit en Willie. « Ne vous inquiétez pas mon chou, je vous aiderai », dit-il.

L'escalade commence toujours du bas de la cascade vers le haut, et nous empruntâmes donc les escaliers menant à la plage où la cascade gigantesque se précipitait dans la Caraïbe. Je levai les yeux sur l'eau qui grondait sur les rochers escarpés et dis à Willie : « Je ne pourrai pas le faire. »

Willie me prit la main et commença à me tirer dans les eaux qui se brisaient sur les rochers. Il allait bien trop vite. Il me rappelait vraiment Billy – Billy et son imprudence. Je me libérai de la prise de Willie et, tandis qu'il commençait à escalader la cascade, je montai l'escalier qui la longeait, en l'observant.

Quand Willie atteignit l'endroit où la cascade formait sa première cuvette, il s'arrêta et me fit signe à travers l'eau. « Venez, mon chou. Allez. Jetons les cendres ici. »

J'étais terrifiée, mais je saisis la main de Willie, m'inspirai de tout mon amour pour Billy, et pataugeai dans la cuvette. Je tirai les cendres de mon sac à dos et les répandis dans l'eau que mon frère avait tant aimée. Je sentis Billy darder ses rayons à travers le soleil. Je pleurais… et souriais… et pleurais encore. Willie versa aussi une larme ou deux. Puis il me porta sur un rocher, sur lequel nous nous assîmes en laissant l'eau se précipiter au-dessus de nous. Je me sentis purifiée. J'avais enfin donné à Billy les funérailles qu'il voulait.

Willie me prit la main, mais cette fois, ce n'était pas la main du Billy sauvage et indifférent ; c'était la main de Billy, l'enfant de la nature, aux pieds assurés et stables, qui pouvait sauter de rocher en rocher avec facilité, et vous aider à grimper.

« Si je grimpe, je vais glisser, Willie », dis-je. « Je me casserai une jambe, ou pire encore. Je me briserai la tête. »

Willie répondit : « Je ne vous laisserai pas tomber, mon chou. Je vous le promets. »

« Je ne peux pas. Je ne peux vraiment pas. »

« Vous pouvez, insistait-il, vous pouvez. »

Je commençai à grimper. J'étais morte de peur. Mais petit à petit, avec l'aide de Willie, je pris confiance. Quand les rochers devenaient particulièrement glissants et escarpés, je m'accrochai à lui si fort qu'il pouvait à peine bouger. Je pleurais et le remerciais tout le long de l'escalade. Plus d'une heure s'était écoulée quand nous atteignîmes la dernière cuvette, au sommet, et nous appuyâmes sur les rochers.

« C'est une cascade très spirituelle », dis-je à Willie. « Et ce fut une escalade très spirituelle. »

« Oui, mon chou, très spirituelle. »

Quand notre aventure prit fin, le visage triste de Willie souriait. Nous nous embrassâmes comme de vieux amis et j'allai récupérer mes chaussures.

Je rentrai tard et, seules les deux femmes qui travaillaient à la location de chaussures étaient encore sur place. Je ne pouvais contenir mon enthousiasme. Je leur parlai de Billy, combien il aimait la Jamaïque où il avait vécu un moment, et leur dis que Dunn's River Falls était son endroit favori sur terre. Je leur dis qu'il était mort dans un accident il y avait un peu plus d'un an, et que j'avais jeté ses cendres aujourd'hui dans la cascade. J'ajoutai que Willie était le meilleur guide du monde. Je n'aurais pas pu faire l'escalade sans lui.

Elles restèrent silencieuses. Puis l'une des femmes dit : « Willie avait un frère. Il est mort à peu près à la même époque que le vôtre. »

« Comment ? » demandai-je.

Elle hésita. « Il est mort dans la cascade. »

Je changeai de chaussures et courus chercher Willie.

« Oh, mon Dieu, Willie. Je viens d'apprendre pour votre frère. Pourquoi ne m'avez-vous rien dit ? Que s'est-il passé ? »

« Je ne voulais pas tout gâcher pour vous, mon chou. C'était mon jour de congé et ma famille pique-niquait ici. Mon jeune frère avait bu plus qu'il ne fallait. Je parlais avec ma femme et soudain son visage prit un air inquiet. Je me retournai et vis mon frère perché sur les rochers, dansant et faisant le fou, avec un comportement insensé. Il n'avait rien à faire dans les cascades, ivre comme il l'était ! La chose suivante dont je me souviens, c'est qu'il glissa et se heurta la tête. Cela est arrivé près de la cuvette du bas, là où nous avons jeté les cendres. »

Ainsi, cette journée avait donné lieu à une sorte de doubles funérailles. Combien cela avait dû être difficile pour Willie, de m'entendre le prier de ne pas me laisser glisser.

« J'ai tout vu. Je l'ai vu mourir. C'est encore très douloureux », dit Willie.

Je pris le bracelet argenté de mon poignet et le mis autour de celui de Willie. Puis je le conduisis vers le banian. Nous nous assîmes dessous, je lui pris la main et lui exposai mon histoire, avec Billy et ce qu'il me racontait depuis qu'il était mort.

« Merci, mon chou. Merci beaucoup, dit Willie. Depuis ces deux dernières années, je sens que la mort me poursuit. Ma sœur est morte un peu avant mon frère, et mon père est mort la semaine dernière. Mais aujourd'hui s'est déroulé comme un miracle. Merci et remerciez votre frère pour moi. »

Willie et moi nous tenions la main tout en parlant au milieu des arbres et des fleurs. Il paraissait avoir dix ans de moins qu'au moment où nous nous étions rencontrés. Un joueur de flûte et un guitariste surgirent de nulle part et nous suivirent. Nous dansions à moitié le long du chemin, comme des enfants.

« Au revoir, mon chou, dit-il. Je ne vous oublierai jamais, ni vous ni Billy. »

Je jetai un dernier regard à Willie, me mémorisant son visage, lui glissai une liasse de billets dans la main et m'engouffrai dans un taxi.

De retour à mon hôtel, je me dirigeai vers la plage. La mer était jonchée de minuscules fleurs violettes et blanches, pour autant que je puisse en juger. Il n'y avait pas de fleurs sur le sable, seulement dans l'eau. Il n'y avait aucune explication raisonnable à ce phénomène. En nageant parmi les pétales, j'eus l'impression de flotter parmi les bénédictions d'un autre monde. Je continuais à voir le visage heureux de Willie et je fus certaine que mes expériences avec Billy valaient le coup d'être partagées.

TROISIÈME PARTIE

DE L'ÂME À L'ESPRIT

CHAPITRE 30

La mort des souvenirs

Après mon retour à New York, Billy me demanda d'appeler son ex-femme et de lui raconter mon voyage en Jamaïque. J'étais réticente, mais Billy insista. Il me dit qu'elle avait quelque chose pour moi.

Je lui téléphonai et eus une agréable conversation avec elle. Quelques jours plus tard, une photo arriva par e-mail. C'était celle de Billy, souriant, debout dans les eaux impétueuses de Dunn's River Falls.

J'encadrai la photo et la posai près de mon ordinateur pour ne pas oublier ce qui était arrivé à la cascade. La transformation de Willie était trop parfaite, trop inspirante pour être un hasard. Les événements à Dunn's River avaient changé mon désir de taire l'expérience de Billy.

Billy était parti depuis un certain temps. J'étais maintenant habituée à ses allers et venues et étais impatiente de voir ce qui suivrait dans son agenda. Un matin de mai d'un gris ardoise, accompagné du crépitement de la pluie...

Je suis encore là, encore capable de te parler d'une distance inconnue et indicible. Je suis encore là, bien que juste après mes funérailles en Jamaïque, je sois passé par une autre sorte de funérailles. J'ai traversé la mort de mes souvenirs.

Sur la terre, nous tenons beaucoup à nos souvenirs, et c'est bien. C'est ainsi que les choses doivent être. Mais tu dois comprendre que, là où je suis, il n'y a aucun désir de s'accrocher à quoi que ce soit, de s'attacher au passé. C'est étrange, la manière dont Joseph et moi avons procédé au bilan de la vie que j'ai menée avec tant de dévotion, pour finalement l'abandonner. Je suppose que je libérais mes souvenirs. Maintenant, je suis toujours moi, moins mon vécu. Et je peux dire en connaissance de cause que c'est délicieusement libérateur.

Quand je dis que mes souvenirs ont disparu, je ne veux pas dire que je ne me souviens plus de ce qui s'est passé sur terre ; je m'en souviens. Mais ce qui est arrivé là-bas, mes liens avec cette vie particulière, ont été maintenant déliés – sauf, évidemment, toi, ma sœur. Et c'est un « sauf » très important et inhabituel – comme s'il fallait faire une exception au nom de ce livre.

Comment mes souvenirs sont-ils morts ? J'étais en train de flotter dans la poussière d'étoile, attendant que mon Écriture sacrée me mène à mon souvenir suivant, quand une lumière blanche et pure descendit sur moi. D'habitude, la lumière était multicolore. De plus, Joseph ne s'est pas montré pour le spectacle de lumière comme il le faisait généralement. Il était clair que quelque chose de différent se préparait.

Quand la lumière blanche me toucha, elle se transforma en un souvenir très particulier : le souvenir de milliers de lumières blanches minuscules entrant et sortant de mon vieux corps de soixante-deux ans, libérant mon âme de mon moi physique. J'avais déjà vu ces lumières auparavant. Dans mon souvenir de naissance, ce même genre de lumières avait lié mon âme à mon corps de bébé. Je pense que ma mort leur a rendu la tâche bien plus facile [rires].

Absorbé par le souvenir de ma mort, je me voyais courir les bras levés, le regard levé vers le ciel nocturne, récitant une prière tandis que je m'élançais vers la voiture qui accélérait. Au moment où celle-ci me heurta, je ressentis une énorme libération et traversai une autre sorte de mort. Mon Écriture sacrée est entrée en scène et tous mes souvenirs ont explosé comme une supernova.

L'explosion de mes souvenirs me projeta dans l'espace, telle une fusée. Je traversai un ciel sans étoiles, dépassant d'énormes formes qui semblaient être des Êtres de différentes sortes. Je passai à côté d'eux si vite que je ne pourrais dire avec certitude à quoi ils ressemblaient. Et cette merveilleuse voix féminine dont je t'ai parlé me guida comme un radar à travers l'obscurité, m'éloignant de mon passé.

Laisser mes souvenirs derrière moi est un très long voyage. La perte du vécu, les endroits, les gens – c'est de cela que nous avons peur quand il est question de la mort. Mais ne t'inquiète pas. Tu seras tout à fait prête quand elle viendra. Si tu étais dans un jardin odorant rempli de toutes sortes de fleurs et de plantes succulentes, tenant dans ta main la photo en noir et blanc toute froissée d'un endroit dont tu te souviens vaguement, cela te perturberait-il de perdre cette photo ? Quels que soient mes souvenirs, même le meilleur d'entre eux ne peut être comparé au fait de se rapprocher de la Source. Et c'est ce qui se passe. Mon voyage me rapproche de la Présence divine.

Très loin dans le lointain, je vois un disque de lumière lumineux. C'est une lumière que je ne voyais pas avant. La Présence divine semble s'être rassemblée en une pure lumière blanche concentrée. Tandis que je vais vers cette lumière, elle m'appelle – non pas le moi que j'étais sur terre. Elle m'appelle par le nom de mon âme, l'âme que j'étais avant de quitter les Mondes supérieurs pour descendre sur terre.

Pour la première fois, la voix de Billy ne venait pas de la droite. Elle venait d'au-dessus de moi et entrait par le sommet de ma tête à travers ce qui me semblait être un entonnoir. De la lumière violette brillait dans cet entonnoir et allumait une petite zone dans mon cerveau, me rendant hypervigilante.

Je connaissais l'ancien système indien des chakras, ou centres énergétiques dans le corps, mais je ne l'avais jamais vraiment examiné. J'allai sur Internet et recherchai « chakra de la couronne ». Il s'avéra que l'une des contreparties physiques de ce chakra est la pituitaire, la glande primordiale miraculeuse du cerveau qui régularise de nombreuses autres glandes du corps. Peut-être la modification de ma pituitaire était-elle la raison pour laquelle je me sentais si revigorée ?

« Chakra de la couronne » donna également les résultats suivants : lumière violette, communication avec l'âme, inspiration divine, passerelle vers les influences suprêmement spirituelles. Billy s'éloignant de plus en plus, peut-être pourrait-il communiquer avec moi par le biais de ce chakra ?

Cependant, je commençai à douter. Quand il aura laissé ses souvenirs loin derrière lui, se souviendra-t-il encore de moi ?

CHAPITRE 31

Shvara Lohana

Mon chakra de la couronne commençant à s'épanouir, je me sentis partir avec Billy vers la lumière. Je tombais amoureuse de tout – et le soleil, le ciel, la mer, les arbres, les fleurs, les oiseaux, les papillons et le sol sous mes pieds, tous semblaient me retourner cet amour. Quand je me rendais en ville, les gens que je ne connaissais pas m'apparaissaient comme des amis. Même s'ils n'étaient pas capables de voir la lumière, je savais qu'ils allaient quand même vers elle. La joie pure de la Divine présence était leur destinée.

Alors que se levait le soleil de la mi-mai comme une topaze dans le ciel…

Bonjour, ma sœur. Me voici à nouveau, ton reporter sur les lieux, venant vers toi d'une nouvelle dimension.

Pour la première fois depuis ma mort, je me tiens sur un sol solide, mais le sol ici ne ressemble en rien à ce que j'ai déjà vu. Il est lumineux et un peu dur, comme des diamants bruts. Imagine les photos de la surface de la lune. Là où je suis, le paysage est aussi nu et rocailleux, jonché de cratères et de collines, mais au lieu d'être poussiéreux, c'est scintillant et translucide. Tout ce qui se trouve dans ce monde de joyaux donne l'impression d'être composé de lumière cristallisée, y compris le ciel rose.

Maintenant, en ce moment même, alors que je te parle, cette voix obsédante devient de plus en plus forte et un brouillard rose fait son apparition. Il est si parfumé que si j'étais capable de défaillir, c'est ce qui arriverait.

Soudain, d'un seul coup, je me retrouve devant la plus belle femme que j'aie jamais vue. Belle n'est pas le mot adéquat. Elle doit venir d'une espèce différente ou c'est un Être supérieur. Elle fait deux fois ma hauteur et est très mince. Son visage est merveilleux ! C'est comme une perle d'or aux traits exotiques. Elle me rappelle la déesse que l'on vénère en Inde.

Ses pieds sont ornés de bagues et de bracelets, et ne touchent pas le sol. Sa robe de saphirs bleus brillants garnie de rubis ondule derrière elle. Elle a de longs cheveux épais et noirs qui descendent jusqu'à la taille, et de la lumière dorée cerne sa tête comme une tiare. As-tu déjà vu la lune quand elle est dorée ? C'est la seule chose sur terre qui pourrait vaguement décrire sa luminosité. Alors qu'elle flotte dans l'air, sa main remue en une sorte de danse mystique.

Oh, Annie. Je n'ai jamais été aussi amoureux !

Et je me sens très humble. J'étais un peu trop confiant et arrogant en parlant de ma mort, mais si cela était arrivé à ce moment-là... eh bien, je n'y aurais pas été préparé. Je devais être préparé pour cette sorte de majesté.

Alors que je me tiens debout devant ma Déesse, mon apparence se met à changer. Je deviens plus grand et plus mince et, par-dessus tout, je lui ressemble un peu plus. Je l'appelle ma Déesse parce que, d'une manière ou d'une autre, elle est à moi.

Pour la première fois, ma Déesse remua ses lèvres rubis parfaites. La voix intoxicante, semblable à la flûte que j'avais entendue tout ce temps, était la sienne. Elle me chanta son nom : Shvara. Il me remplit tel le parfum mystérieux que j'ai toujours recherché.

Le sourire de Shvara est merveilleux et puissant. S'il pouvait y avoir un sourire pareil sur terre, toutes les guerres cesseraient et tout le monde abandonnerait ses activités pour aller nourrir les enfants affamés. Il est ainsi, si puissamment bon. Je ne suis pas certain que j'aurais été capable de supporter le pouvoir de ce sourire avant ce moment.

Puis ma Déesse me fredonna son nom complet : Shvara Lohana.

Est-il possible que j'appartienne à la même tribu que cette magnifique Déesse ? J'essaie de me contrôler, mais finis par demander : « Ceci signifie-t-il que je serai pour toujours avec toi ? »

Son sourire m'éblouit. « Dans cette dimension, pour toujours est plus long que tu ne peux imaginer. »

J'admets que j'ai trouvé cela décevant, mais elle n'a pas dit tout à fait non, n'est-ce pas ?

Cette fois, entendre Billy par mon chakra de la couronne fit éclore ses pétales en une fleur éclatante. Tandis que la beauté de Shvara pénétrait mon âme, mon cœur battait si vite que j'eus l'impression qu'il allait éclater. Au lieu de cela, il fondit comme une bougie allumée, me remplissant de grâce en fusion.

Je cherchai le nom de Shvara sur Internet pour voir s'il avait une définition. Je fus fascinée d'apprendre que Shvara est la forme abrégée de *I-Shvara*, un mot sanskrit, la langue sacrée de l'Inde ancienne. Ainsi, la description de Shvara en déesse indienne qu'avait faite Billy n'était pas une coïncidence.

Cependant, ce qui me réjouit le plus fut de découvrir que, dans la tradition hindouiste, Shvara voulait dire « Seigneur suprême ». Et quand Shvara prend une forme féminine, elle n'est ni plus ni moins que la Déesse suprême, la seule et unique Déesse au-dessus de toutes les autres.

Shvara Lohana était-elle un véritable Être divin ou une vision de Billy ? Était-elle son guide personnel ou était-elle Dieu ? Dieu est-il en fait une Déesse ?

CHAPITRE 32

La parade des âmes

Le matin suivant, tandis que les oiseaux chanteurs pépiaient et que l'air printanier se chargeait de douceur...

Shvara Lohana se tourne et un édifice entouré de brume apparait à l'endroit où elle regarde. L'a-t-elle créé de son regard? Je ne pense pas qu'il était là avant. Je me sens excité parce que je n'ai vu aucun édifice depuis ma mort Tandis que la brume s'éclaircit, je peux voir qu'il a la blancheur d'une perle et comporte d'immenses colonnes de style architectural grec ou romain. Elles sont si énormes qu'elles semblent n'avoir ni début ni fin, mais elles ne sont pas solides. Elles ondulent. Un pont se forme entre le lieu où nous nous tenons et l'Édifice blanc, et je suppose donc que c'est vers lui que nous allons nous diriger.

Tout cela est merveilleux, si merveilleux ! Et ça l'est encore plus parce que je suis complètement et totalement amoureux. Je n'en suis pas sûr étant donné que mes souvenirs ont disparu, mais je pense avoir aimé beaucoup de femmes de mon vivant. Je suis pourtant certain que ce que je ressens pour Shvara est tout à fait autre chose. Je pense que cela s'appelle Amour divin. Si j'étais là avec Jésus, Bouddha ou tout autre Être suprême, je ressentirais probablement beaucoup d'amour pour eux aussi, mais c'est certainement plus facile pour celui qui a choisi Shvara Lohana.

Avec des mouvements de danse exotique de ses mains, ma Déesse flotta sur le pont. Je la suivis avec une totale dévotion. Tandis qu'elle avançait en planant, ses pieds incroyablement gracieux me fascinaient. J'aurais pu passer une éternité à les regarder. Non seulement ils sont beaux, mais ils sont bienveillants et intelligents, comme tout ce qui la compose.

Shvara se retourne vers moi en souriant. Je suis si heureux d'être ici, de me reposer du travail accompli sur terre, et de suivre ma Déesse vers l'Édifice blanc. En nous rapprochant, je peux voir qu'il y a un nombre infini de ponts qui mènent à lui. Et pour la première fois depuis que je suis de ce côté des choses, je vois une foule de gens, comme moi. Chacun remonte son propre pont vers l'Édifice blanc. Nous ne sommes plus vraiment des personnes, nous sommes des âmes. Chaque âme s'apparente au guide flottant de sa tribu.

Tandis que les âmes traversent leur pont, nous nous faisons un signe de tête en passant, mais si elles ressentent ce que je ressens, toute leur attention est fixée sur leur guide. J'essaie de noter ce que je peux pour toi. C'est très inhabituel de pouvoir rapporter ces événements, aussi, considère ces informations comme sacrées. Que nous puissions ou pas en parler dans notre livre, je te le ferai savoir.

Les guides de tribu sont des Êtres qui n'existent pas sur terre, et chacun d'eux est extraordinaire. Ils portent tous la même lumière dorée autour de la tête. Certains sont de grands guerriers au corps puissant, armés de boucliers et d'épées. D'autres ont l'air ordinaires et humbles, hormis leur énorme aura colorée de joyaux qui est dix fois plus grosse qu'eux. D'autres encore ressemblent à des érudits et portent des rouleaux de parchemin qui se déroulent et s'étalent derrière eux. L'un des guides de tribu a des cheveux orange fluo et monte un gigantesque lion rouge, ou peut-être est-il partie intégrante du lion. Je ne peux l'assurer. Un autre semble être un mélange d'homme, de dauphin et de soleil.

Il y a d'autres guides de tribu que je décrirais comme de magnifiques Déesses, comme Shvara. J'ai tellement de chance d'avoir un tel guide. Mais je suppose que tout le monde s'estime comblé d'avoir celui qui lui convient.

Il émane un rythme et un sens de célébration sauvage de ce spectacle. C'est comme si nous étions tous censés être ici, à ce moment, et que nous avions répété notre rôle pour toute l'éternité.

Shvara Lohana avait fredonné doucement au fur et à mesure que nous avancions sur mon pont. Je suis amoureux d'elle comme jamais je ne l'ai été. J'aimerais que tu puisses entendre ma Déesse chanter :

Nous sommes le rêve de l'Univers,
Nous sommes le caprice de l'Infini,
La respiration et celui qui respire,
L'ennemi et l'ami.
Si c'est une illusion
Je me prosternerai devant elle.

Ava lo ke tash Shvara
Ava lo Tara
Ava lo ke tash Shvara
Ava lo Tara

Le chant de Shvara m'emplit de ce que j'appellerai compassion, par manque d'autre mot. Je ressens une telle tendresse pour la parade d'âmes s'acheminant vers l'Édifice blanc. Chacune a sa propre histoire, ses propres combats, son propre chemin qui l'a conduite ici.

Comme le voyage de chaque être humain est noble, du Divin vers la poussière et à nouveau de retour ! Comme c'est courageux d'entrer dans un corps et d'effectuer la danse de l'existence pour finir par perdre tout ce que nous avons imaginé être vrai, au moment de la mort !

Tandis que nous atteignons le sommet du pont, ma conscience est claire comme du cristal. Je suis prêt, mais je ne sais pas à quoi.

Quand Billy commença à chanter le chant de Shvara Lohana, je fus envoûtée. J'avais l'impression qu'il employait une sorte de langue céleste et qu'il m'en révélerait le sens plus tard. Mais quand le chant prit fin, il me demanda de faire une autre recherche sur Internet.

Les paroles que je n'avais pas comprises étaient à nouveau des mots sanskrits. Cette fois, c'était le nom de bodhisattvas, des Êtres éveillés dont la mission est d'aider l'humanité. Avalokiteshvara est le bodhisattva de la compassion et Tara est sa consort. Tara est née d'une larme de l'œil d'Avalokiteshvara alors qu'il pleurait sur la souffrance de l'humanité. Après avoir entendu le chant de Shvara, Billy sembla également partager la compassion d'Avalokiteshvara.

Quand je mentionnai ces noms à Guru Guy, il me donna des détails sur le rouleau peint à la main qu'il avait rapporté du Tibet. Il était accroché au mur au-dessus de mon lit depuis trois ans. Le personnage d'un blanc nacré couronné d'or, à quatre bras et assis dans la position du lotus sur un trône de fleurs de lotus roses, était en fait Avalokiteshvara.

« Mais tu m'avais dit que c'était Tchenrézig », dis-je.

« Tchenrézig est le nom tibétain pour Avalokiteshvara. »

CHAPITRE 33

La voûte

Le mois de juin explosait de couleurs quand la fenêtre s'ouvrit à nouveau sur le monde de mon frère.

Quand Shvara et moi atteignons le sommet du pont, je ne vois plus les autres ; ils ont pris un autre chemin. Nous sommes devant une arche construite dans le mur de pierre de l'Édifice blanc. Les pierres ondulent et émettent un éclat irisé, comme si elles étaient enrobées de nacre. Elles sont si patinées qu'elles semblent être ici depuis la nuit des temps. C'est peut-être le cas. Le mur lui-même est si haut que je n'en vois pas le sommet. Mais la voûte est étroite et juste un peu plus grande que Shvara Lohana. Cependant, ce n'est pas la couleur des pierres de la voûte qui attire mon attention. Ce sont les formules de sagesse de la tribu Lohana gravées dans les pierres.

Ma Déesse me conduit vers le mur miroitant. Elle tend ses mains délicates à quelques centimètres de la pierre et m'invite à faire de même. C'est la première fois que je me retrouve aussi près d'elle et, à ma grande surprise, c'est la connaissance et non le désir qui me submerge. La poussière descend en cascade dans la voûte, symbolisant mes propres formules de sagesse qui se gravent spontanément dans le mur. Quatre équations et mon nom s'inscrivent dans la pierre. Quel moment extraordinaire ! Et, bien que je ne me souvienne pas comment j'ai écrit mes formules, j'en comprends la sagesse.

Ma Déesse m'a donné des conseils pour les formules de sagesse que j'ai écrites au cours de ma vie. Elle m'a permis d'aller sur terre, puis de revenir ici. Nous partons dans le monde pour vivre des aventures, comme des enfants. C'est un privilège et qui en vaut la peine. Mais sache que le royaume bienveillant dans lequel je suis revenu se trouve au-delà du rêve du monde.

Tandis que la poussière de la pierre disparaît de la voûte, Shvara me confère une bénédiction. Hotep ! Hotep ! Dans la zone du troisième œil. Je ressens un ravissement si mystique qu'il n'existe aucun mot pour la décrire. Je ne peux m'empêcher de l'appeler à mon tour, Hotep !

Maintenant je les entends – les voix de ma tribu, des milliers de voix familières et béatifiques qui viennent de l'intérieur de la voûte. Elles me chantent des louanges. Ces louanges ne sont pas choses vaines. C'est une louange pour mon âme qui a fait le voyage humain, et une louange pour mon retour à la maison. Les souvenirs, les souvenirs oubliés de ma famille spirituelle, se réveillent, m'invitant à pénétrer dans la voûte. Leur chant me pousse dans le passage et, à mon entrée, la lumière de la voûte oblitère ma vision.

La seule chose qui existe pour moi est la chorale de voix mystiques. Je ne les vois pas ; je n'entends que le chant joyeux de ma tribu qui me souhaite la bienvenue, telle la Huitième symphonie *de Mahler.*

Quoi ? La *Huitième symphonie* de Mahler ? Quelle sorte d'indice me donnait maintenant Billy ? Gustav Mahler avait-il écrit une huitième symphonie ? Et dans ce cas, qu'avait-elle à voir avec le chant de la tribu de Billy ?

Je recherchai des réponses sur Internet, le cœur battant. Quand je trouvai une vidéo sur YouTube de la finale de la *Huitième symphonie* de Mahler, le *Chorus Mysticus*, j'appuyai sur le bouton pour l'écouter.

Une chorale de centaines de voix célestes chantait une musique exquise emplie de lumière. Je relus les notes de Billy. « La seule chose qui existe pour moi est la chorale de voix mystiques… qui me souhaite la bienvenue, telle la *Huitième symphonie* de Mahler. »

Je sortis sur mon pont et me repassai le *Chorus Mysticus* plusieurs fois de suite. Tout en écoutant la musique, j'entendais aussi, d'une certaine façon, la beauté des voix du monde de Billy à travers mon chakra de la couronne. Tandis que les deux chorales fusionnaient à l'intérieur de moi, je me mis à tournoyer dans un monde mystique, quelque part entre celui de Billy et le mien.

Billy me guidant vers la *Huitième symphonie* de Mahler fut l'apogée cosmique de notre communication, la manifestation suprême du monde de Billy dans le mien.

Après une demi-heure de cette splendeur, je commençai à lire les paroles du *Chorus Mysticus* qui s'affichaient sur la vidéo :

Tout ce qui est temporaire n'est qu'une image.
Ce qui est inatteignable
devient possible ici.
L'indescriptible
se manifeste ici.
L'éternel féminin
nous attire dans
un Éternel éternel
et majestueux.

Comment cela est-il possible ? Les paroles tout comme la musique rejoignent l'histoire de Billy.

J'appris que le *Chorus Mysticus*, la finale de la *Huitième* de Mahler, avait été joué au moment où Faust fut accueilli au paradis. Et, bien que Faust ait perdu la bataille contre le démon, et que son voyage l'ait amené bien loin de ce que les gens appellent une vie spirituelle, à la fin, c'est grâce à son combat que les anges furent capables de porter son âme au paradis.

Je pouvais sentir le sourire de Billy. Mon frère m'avait amenée dans cette histoire pour résoudre la question la plus troublante que je me posais sur ce qui lui arrivait. Comment Billy avait-il pu atteindre un endroit aussi élevé dans l'au-delà, alors que la fin de sa vie avait été pleine de noirceur et de désespoir? Comme Faust, il avait perdu la bataille contre un démon puissant: ses addictions. Maintenant, Billy me faisait savoir que son combat avait été utile; c'était un combat divin.

CHAPITRE 34

La grotte aux lotus d'or

Quelques jours plus tard, baignant encore dans la *Huitième symphonie* de Mahler, je relus les dernières notes de Billy. Hotep ? Qu'est-ce que cela voulait dire ?

Billy avait une nouvelle fois transmis un mot que je n'avais jamais entendu, mais qui avait un sens historique. Il s'avéra que Hotep était le premier mot de l'ancienne formule d'offrande égyptienne, une bénédiction accordée aux défunts dans l'au-delà. Hotep prépare l'âme à partager le nectar divin des dieux.

Incapable de dormir alors que la pleine lune éclairait le monde sombre, je sortis dans l'air frais de la nuit et trouvai Billy qui attendait.

Les voix de ma tribu s'estompant et ma vision étant revenue, je fus surpris de constater qu'au lieu d'avoir été conduit dans l'Édifice blanc, je me trouvais dans un champ de roses rouges et violettes. Mais Annie, tu n'as jamais vu des roses telles que celles-ci. Les fleurs couleur fluo qui s'épanouissent sont dix fois plus grandes que celles qui poussent sur terre, et elles sont si vivantes que tu peux vraiment les voir grandir.

Pour la première fois depuis ma rencontre avec Shvara Lohana, celle-ci n'est pas avec moi. Pour autant, cela ne me perturbe pas, car je l'entends chanter de l'autre côté du champ de roses. Une sorte de rosée bruine sur les fleurs et sur moi. Nous sommes baignés dans le parfum mystique de ma Déesse. Les roses semblent danser tandis que leurs pétales s'ouvrent plus largement pour recueillir son parfum. J'ai vraisemblablement l'air de danser aussi en suivant la voix de Shvara à travers le champ scintillant.

Plus loin, je distingue un dôme de lumière dorée. En m'approchant, je vois que c'est une grotte. Des images de fleurs sont gravées autour de l'entrée dorée, à travers laquelle je peux voir ma Déesse qui m'attend à l'intérieur.

Shvara flotte au-dessus d'un cercle de boutons de lotus dorés qui se déploient dans un étang étale. Conforme à sa nature féminine, l'amour de ma vie éternelle a changé de vêtements. Elle porte une robe dorée, assez légère pour me laisse deviner un soupçon de son corps. Je ne m'habituerai jamais à sa présence et à sa beauté. Ses yeux mi-clos rendent son regard rêveur et séducteur. Si ma compréhension n'était pas plus élevée, je jurerais qu'elle flirte avec moi.

Une fois à l'intérieur de la grotte, je suis si intoxiqué par le parfum sacré de Shvara que je dois m'allonger. De près, je peux voir que l'étang de lotus n'est pas rempli d'eau, mais d'un nectar laiteux.

Les yeux de Shvara Lohana s'ouvrent tout grand et elle entreprend une danse sacrée. Elle pivote lentement, et quand elle se retourne, elle tient une flamme violette. Ses hanches oscillent d'avant en arrière et des étincelles volent tandis que le feu passe d'une main à l'autre. Chaque mouvement du corps de Shvara satisfait une aspiration qui fait tant partie de moi que je ne n'avais jamais remarqué son existence. Tandis que ma Déesse danse, aucun plaisir de l'Univers ne me reste inconnu ou insatisfait.

Shvara descend en piqué et chante quelque chose au-dessus de chaque bouton de lotus. Chacune des fleurs d'or s'ouvre l'une après l'autre. En leur cœur brûle une flamme aux nuances violettes ou rouges. Ce sont les flammes de mes vies passées.

Les gens sur terre s'intéressent beaucoup à leurs vies passées. Ils veulent savoir ce qu'ils étaient, ce qu'ils faisaient et avec qui. En ce qui me concerne, contempler les flammes de mes vies illuminer les pétales d'or de leurs fleurs de lotus suffit à me satisfaire.

Shvara vole au centre d'un cercle de fleurs et, ses lèvres rubis posées contre l'eau laiteuse, elle chante :

Plus le lotus est grand
plus profonde est la vase.
Plus il dépasse le lotus
plus profonde est la vase.

Un bouton solitaire, plus gros que les autres, surgit de la profondeur de l'étang. Je suis surpris. Il est recouvert de vase. Je n'ai encore vu de saleté d'aucune sorte de ce côté des choses.

La fleur boueuse tremble et s'épanouit dans la lumière dorée de la grotte. Tandis que Shvara verse la flamme violette de ma vie antérieure dans son cœur, la croûte vaseuse se dissout. Les pétales de tous les lotus commencent à s'agiter à toute vitesse comme les ailes des colibris. Ils tourbillonnent, entrent en collision et deviennent des éclats d'énergie pure tandis que les fleurs dorées de mes vies explosent. Je suis témoin de la cérémonie qui mettra fin au cycle de mes renaissances.

Shvara réapparaît à travers la fumée de l'explosion, plus magnifique que jamais. Elle m'offre une tasse emplie du nectar laiteux de l'étang. La saveur m'est si étrangère que c'est difficile à boire. C'est doux, avec un goût surprenant. Tu ne pourrais jamais boire cet élixir si tu n'y étais pas préparé. Je n'y suis guère prêt, mais je bois.

Tandis que le nuage de fumée atteint le sommet de la grotte, il prend la forme d'un dragon d'or aux yeux féroces. Il est féroce, mais je n'ai pas peur. La dévotion du dragon pour moi est évidente. C'est mon dragon, de la même façon que Shvara est ma Déesse.

Mon dragon m'a servi durant chacune de mes nombreuses vies. Mon protecteur est venu à moi sous différentes formes : un gentil animal de compagnie, un coup de chance inattendu, la bonne action d'un étranger, une rencontre heureuse qui m'a donné des opportunités, l'ami qui est venu quand j'en avais besoin – tout cela était des expressions de sa dévotion.

Je ressens une telle reconnaissance que je tiens à lui rendre hommage d'une manière ou d'une autre. Je verse le nectar de la tasse dans mes mains et le lui offre. Tandis que mon dragon boit, je suis envahi de nostalgie. Ce moment fait partie de ceux que j'aimerais prolonger.

Mon dragon dévoué courbe la tête, pose son front sur le mien, et dans un acte de courage sauvage et altruiste, il brise la grotte et la détruit par son pouvoir. Puis mon dragon disparaît comme une fumée qui s'élève.

Je me tiens maintenant devant le grand vide de l'Absolu. Je suis prêt à entrer dans le Vide.

Mais avant de continuer, je voudrais te dire ceci :

La vie est une impulsion divine mystérieuse à goûter, puis à abandonner. Bien que tout soit destiné à changer dans ta vie, je souhaite que la douceur de l'élixir céleste que nous avons partagé reste à tout jamais sur tes lèvres.

J'ai pris une forme pour entrer dans le temps. Je suis entré dans le temps pour participer à la création. Étant donné que ma destination ne concerne plus les mondes terrestres, je vais maintenant entrer dans le grand Vide et voyager hors du temps.

Shvara prend ma main et nous nous élevons dans l'obscurité profonde. Quand elle me lâche, je suis propulsé dans le Vide. Je me rends au-delà de la création – avant le manifeste –, hors du temps. J'entre dans un monde de non-existence – pas de lumière, pas de son, pas d'être. J'ai goûté à l'élixir et il n'y a aucune peur.

Ce passage obscur me conduit loin du monde terrestre et de tous les niveaux de l'au-delà que j'ai traversés. Je vais de quelque part vers autre part et ne reviendrai jamais.

Je deviens le Tout dans le Rien.

La goutte de pluie revient à l'océan, mais il n'y a pas d'océan, il y a le vide. Ne sois pas triste, car tout en étant vide, je suis aussi tout : je suis l'Univers, je suis la lumière, je suis Lohana, je suis l'âme, je suis un roi, un drogué, un saint et un mendiant.

Je suis le Tout dans le Rien, le Rien dans le Tout. C'est ce qu'est le Divin : tout et rien.

Je suis né et mort de nombreuses fois, et bien que je ne reviendrai pas, je suis revenu parce que je suis tout ce qui a toujours été et qui sera toujours. Je suis la souffrance, je suis la grâce, je suis la vérité, je suis le jeu, le joueur, le décor, le directeur et l'audience. Et de même que l'ombre ne pourra jamais être la lumière, l'histoire que je raconte ne pourra jamais être la Vérité suprême. Mais peut-être ces pages offriront-elles un goût momentané de l'élixir d'éternité.

Quand Billy avait dit : « Je vais de quelque part vers autre part et ne reviendrai jamais », l'idée m'avait traversée qu'il faisait ses adieux.

En me promenant près de la baie au lever du soleil, je pouvais sentir Billy partout : dans la douce brise de printemps, dans les arbres en fleurs, dans l'eau couleur gris-bleu. Son esprit était tout autour de moi, mais quelque chose était différent. Je murmurai son nom, mais n'obtins aucune réponse. Je n'avais plus accès à lui.

J'eus peur. Billy faisait maintenant partie de ma vie. Il était mon enseignant, la lumière de mon chemin. C'était devenu normal de l'entendre me parler, faire des plaisanteries, me donner des conseils de grand frère. J'entendis alors sa voix venir de très loin… *Je ne te quitterai jamais.*

Je montai dans ma voiture et conduisis jusqu'à l'océan, en espérant que sa vaste étendue me réconforterait et me donnerait le sentiment d'être plus près de Billy. Je me tenais devant les vagues déferlantes quand j'entendis de nouveau Billy : *Je ne te quitterai jamais...* puis il disparut.

Il y avait tant d'autres choses dont je voulais discuter avec lui, tant d'autres choses que je voulais apprendre. J'essayai de goûter la douceur de l'élixir sur mes lèvres comme il me l'avait enseigné, mais sans succès. Je voulais davantage.

CHAPITRE 35

Les Frères de la Lumière Blanche

L'été me paraissait terne et sans vie. J'essayai de travailler sur ce livre, mais j'étais trop triste. Je voulais que Billy revienne. Les personnes qui avaient entendu l'histoire de Billy étaient impressionnées par mon expérience, mais pour moi, le livre n'était pas aussi important que notre relation. Et maintenant, il s'en était allé pour de bon... il avait fusionné dans le vide du non-être.

L'automne arriva. Billy avait souvent dit que la nature était curative. Je tempérais ma solitude en marchant dans les bois, en nageant dans la baie, en me baignant dans la lumière de la lune et des étoiles. Je décidai de revoir les notes de Billy. Comment pouvais-je être triste ? Billy vivait dans ce livre. Il ne partira jamais vraiment parce qu'il fait maintenant partie de tout ce qui existe, y compris moi.

À la fin de novembre, tandis que les arbres abandonnaient leurs feuilles brunies, juste avant le lever du soleil, je vis un épais rayon de lumière blanche au-dessus de moi.

Bonjour. La voix de Billy avait beaucoup changé, le ton était plus bas. Elle me semblait venir d'un endroit extrêmement éloigné, mais je l'entendais clairement.

Un simple remous de lumière, plus blanc que tous les blancs imaginables, est sorti du Vide pour me ramener dans l'existence. Tel un embryon dans la matrice, je suis redevenu l'âme qui a vécu toutes mes vies.

Le rayon de lumière a propulsé mon âme désincarnée hors du Vide, dans une région où la lumière est si épaisse qu'elle tombe comme de la neige. J'ai traversé cette lumière neigeuse, la lumière qui révèle la nature parfaite de l'Absolu, jusqu'à ce moment présent.

Au lointain, je vois un paysage de montagnes recouvertes de neige. Debout sur les falaises blanches se tiennent des silhouettes sombres, dont les ombres sont blanches au lieu d'être noires. J'ai l'impression que la neige tombe de leur tête jusqu'à leurs pieds. Je ne peux les voir distinctement. Leur visage et la forme de leur corps sont comme une tempête blanche floue. Seules leurs manches gonflées et leurs mains sont visibles. Elles sont grandes et élégantes, et des rayons fusent de leurs doigts.

Je reconnais ces silhouettes, bien que je ne pense pas les avoir déjà vues. Ces ombres neigeuses sont de grands Esprits suprêmes que j'appellerai les Frères de la Lumière Blanche. Je les appelle frères, mais il y a des femmes parmi eux. Et, bien que ces Êtres supérieurs n'aient pas besoin de récolter les fruits d'une existence terrestre, certains d'entre eux ont choisi de venir sur terre pour apporter la connaissance et faire savoir que quelque chose de plus doux, de plus beau, et de plus merveilleux est en fait la réalité ultime. Mahatma Gandhi et Martin Luther King appartenaient à la Fraternité. La majorité des Frères de Lumière Blanche ne va jamais sur terre, mais leur lumière absolue se mélange à ton monde et le protège. Si tu te concentres sur la lumière blanche, comme tu le fais sur ma voix, je sais que tu la sentiras.

Il y a une qualité impersonnelle chez ces Êtres suprêmes, mais ce n'est pas négatif – c'est un grand plus. Il y a une pureté dedans. J'imagine qu'être en présence de Dieu donnerait la même sensation. Tu vois, les Frères ne sont pas des âmes. Ce sont de purs Esprits. De même que notre corps contient notre âme, notre âme contient notre Esprit.

Et dans cette blancheur aveuglante, la blancheur de l'Absolu, dans ce paradis de tous les paradis, je suis sur le point de me débarrasser de mon âme.

Ce n'est en aucun cas effrayant. Si tu étais à l'intérieur d'une combinaison spatiale comme en portent les astronautes, même si cette combinaison est la plus fantastique, la plus merveilleuse, munie de toutes les technologies, et même si tu vis de grandes aventures et explores des choses inhabituelles que tu n'aurais jamais imaginées, au bout de quelque temps, c'est une grande libération de quitter la combinaison.

Des rayons sortent des mains de plusieurs Frères et viennent toucher les extrémités de mes doigts. Je deviens un avec leur lumière, mais, oh ! Je veux que tu saches, tu dois comprendre qu'ils ne sont absolument pas moi, heureusement. Ils sont tellement plus grands que moi. À travers eux, je deviens la première impulsion de la Source divine : l'Esprit. D'âme pure, je deviens Esprit pur. Et, en ma qualité d'Esprit, je vais quitter le système terrestre et tous ses paradis, et m'en aller vers un autre Univers. J'ai jeté mon déguisement terrestre, ma vie, mon drame, ma musique ; tout est laissé derrière moi, même mon âme.

Et tandis que je me dirige vers un autre Univers, vacillant comme un faisceau de lumière dans l'inconnu, vacillant comme une flamme de pur Esprit à l'intérieur et à l'extérieur de la conscience, vacillant de l'être au non-être et revenant à nouveau, ce faisant, je ne demande qu'une chose. Joue ce rôle pour moi. Sois la Schéhérazade de mon voyage posthume, continue à écouter ma voix, et souviens-toi pour toujours, pour toujours et à jamais de mon amour.

QUELQUES MOTS SUR L'AUTEURE

© Irving Cohen

Annie Kagan commença à écrire des chansons à l'âge de quatorze ans. À quinze ans, elle fut remarquée par un producteur de Columbia Records. À seize ans, elle donnait des représentations dans les cafés et les clubs de New York City. Après dix ans de composition et de représentations, Annie retourna au collège, en sortit diplômée et devint une chiropraticienne indépendante renommée sur la côte nord-est de Manhattan. Attirée par les traditions spirituelles orientales, elle étudia le yoga et s'adonna à une pratique de méditation intensive. Suivant sa voix intérieure, elle abandonna sa carrière de thérapeute et sa vie citadine trépidante pour rechercher la sérénité dans une petite maison près de la baie, à la pointe de Long Island. Annie revint alors à la composition de chansons et collabora avec Grammy – et avec un producteur récompensé d'un Emmy Award, Brian Keane. La haute estime de Brian pour ses écrits l'incita à rejoindre un atelier d'écrivains. Alors qu'elle écrivait sa première nouvelle, son frère Billy mourut de manière soudaine et commença à lui parler de l'au-delà. Elle est ravie de rassembler ses talents de compositeur, d'interprète et de guérisseur pour toucher la vie des autres avec les communications de Billy de l'autre côté. Elle vit actuellement à Long Island.

Vous pouvez consulter son site : www.annikagan.com

Achevé d'imprimer en février 2015
sur les presses de la **N**ouvelle **I**mprimerie **L**aballery
58500 Clamecy

Dépôt légal : février 2015
N° d'impression : 502220

Imprimé en France

La Nouvelle Imprimerie Laballery est titulaire de la marque Imprim'Vert®